Süße Babyklamöttchen – selbst genäht

„Kann man die gesamte Garderobe für ein Baby selbst nähen? Und wenn ja, welche Schnittmuster brauche ich dazu?“ Auf diese Fragen bin ich in letzter Zeit immer wieder gestoßen. Und so kam mir die Idee zu diesem Buch! Hier finden Sie Schnitte, um die kleinen Zwerge jederzeit chic und zweckmäßig auszustatten – egal ob zum Spielen, Kuscheln oder Draußensein.

Können Sie schon richtig gut nähen? Oder fangen Sie gerade erst an? Kein Problem, hier ist für jeden Anspruch etwas dabei! Viele Schritt-für-Schritt-Fotos in den Anleitungen und zwei Kapitel zu den wichtigsten Grundbegriffen und Grundtechniken des Nähens am Ende des Buches führen Sie dabei sicher durch Ihre Näharbeit.

Lassen Sie sich inspirieren und kreieren Sie eine ganz persönliche Kollektion für den kleinen Nachwuchs. Egal ob für Ihr Kind oder das Ihrer Tochter, Schwester, Freundin … die Freude wird bei allen groß sein!

Ich wünsche Ihnen viel Spaß beim Nähen – und teilen Sie gerne Ihre Werke mit mir und anderen Nähbegeisterten unter dem Hashtag #zuckersüßgenäht!

Herzlich

Cecilia Hanselmann

Inhalt

4 Anschmiegsamer Wickelbody

8 Frech gepunktete Mütze

11 Goldige Handschuhe

12 Herzige Wickeljacke

15 Gemütliche Strampelhose

18 Mollige Schühchen

20 Pfiffiger Wickeloverall

23 Süße Pumphose

26 Peppiger Hoodie

30 Maritime Shorts

33 Flottes Shirt

36 Weiter Rock mit Shorts

39 Schmeichelweicher Body

42 Knallig rote Latzhose

46 Geringeltes Halstuch

48 Festliches Taufkleid

54 Luftiger Sonnenhut

58 Kombinierbares Trägerkleid

62 Fröhlich bunter Schlafanzug

66 Bequeme Leggings

69 Niedliches Jerseykleidchen

72 Wetterfeste Softshelljacke

76 Warmer Wagenanzug

80 Cooles Polohemd

84 Lässige Jeans

88 Grundbegriffe des Nähens

90 Grundtechniken des Nähens

★☆☆☆ = für Anfänger
★★☆☆ = für Anfänger, aber etwas kniffliger
★★★☆ = für Fortgeschrittene
★★★★ = für Nähprofis

Anschmiegsamer Wickelbody

Größen: 50/56, 62/68 • Schwierigkeit: ✪✪✪✪ • Schnittteile 1a–d auf Bogen C

Ruck, zuck angezogen! Das Anziehen ist kinderleicht mit einem Wickelbody! Diese praktische Form eignet sich wunderbar für die Kleinsten.

Material

- 45/50 cm Jersey, hellgrün-weiß geringelt, 140 cm breit
- 7 nähfreie Jersey-Druckknöpfe
- evtl. leichte Bügeleinlage

Zuschneiden

Nahtzugaben Schnittteile: An der Halsausschnittkante und fortlaufend an den Vorderteilkanten, die übereinandergeschlagen werden, sowie an den Unterkanten der Ärmel **keine** Nahtzugaben hinzugeben! Geben Sie an allen anderen Kanten 0,75 cm Nahtzugabe hinzu.

Jersey:

- 1-mal Schnittteil 1a (rechtes Vorderteil)
- 1-mal Schnittteil 1b (linkes Vorderteil)
- 1-mal Schnittteil 1c im Stoffbruch (Rückenteil)
- 2-mal Schnittteil 1d, davon 1-mal gegengleich (Ärmel)
- 1-mal 3,5 x 200/220 cm (Einfassstreifen Ärmelsäume und Bodykante ringsum)

Nähen

Hinweis: Alle Nähte müssen mit einem elastischen Stich genäht werden (z. B. mit einem schmalen Zickzackstich: Stichlänge 3, Stichbreite 1). Verwenden Sie eine Jerseynadel.

1 Legen Sie nacheinander die Ärmelzuschnitte rechts auf rechts so auf das Rückenteil, dass die Kanten der Raglannähte bündig liegen. Die Nähte heften oder stecken, dann nähen. Nun nacheinander die vorderen Kanten der Ärmel rechts auf rechts bündig an die Raglanschrägung der Vorderteile heften oder stecken, dann die Raglannaht nähen.

2 Nähen Sie den Einfassstreifen an die Ärmelsäume, falten Sie ihn jedoch nicht um 2.

3 Falten Sie den Body so, dass linkes Vorderteil und Rückenteil rechts auf rechts aufeinanderliegen, die Seitenkanten liegen bündig. Stecken und nähen Sie dann fortlaufend die Ärmel- und Seitennaht 3; die andere Seite bleibt noch offen.

4 Nähen Sie den Einfassstreifen ringsum an die Außenkante des Bodys, falten Sie ihn jedoch nicht um 4.

5 Falten Sie den Body nun so, dass rechtes Vorderteil und Rückenteil rechts auf rechts aufeinanderliegen, die Seitenkanten liegen bündig. Fixieren Sie zunächst und steppen Sie dann die verbleibende Ärmel- und Seitennaht 5.

6 Schlagen Sie nun den Einfassstreifen nach links um und nähen Sie ihn fest, wie auf Seite 92 in den Grundtechniken beschrieben.

7 Bringen Sie entsprechend den Markierungen an der Unterkante und auf den Vorderteilen des Bodys die Druckknöpfe an. Legen Sie an den Stellen, an denen die Knöpfe nicht auf dem Einfassstreifen liegen, kleine Stoffkreise mit ca. 2 cm Durchmesser unter (diese am besten zuvor mit leichter Bügeleinlage versehen) 7.

Frech gepunktete Mütze

Größen: ab ca. 35/39/43/47 cm Kopfumfang • Schwierigkeit: ✪✪✪✪ • Schnittteile 21a und b auf Bogen D

Diese süße Mütze ist ideal, wenn ein Lüftchen weht. Und dank der Bindebändchen bleibt sie auch garantiert auf Babys Köpfchen.

Material

- 20/20/25/25 cm Jersey, creme mit bunten Punkten, 140 cm breit

Zuschneiden

Nahtzugaben Schnittteile: Geben Sie an allen Kanten 0,75 cm Nahtzugabe hinzu.

Jersey:

- 1-mal Schnittteil 21a im Stoffbruch (Hauptteil)
- 1-mal 11 x 32/36/40/44 cm (Bündchen)
- 4-mal Schnittteil 21b (Ohrenklappen), für die beiden kleineren Größen bis 45 cm, für die beiden größeren bis 51 cm!
- 1-mal 2,5 x 60 cm (Bindebänder)

Nähen

Hinweis: Alle Nähte müssen mit einem elastischen Stich genäht werden (z. B. mit einem schmalen Zickzackstich: Stichlänge 3, Stichbreite 1). Verwenden Sie eine Jerseynadel.

1 Falten Sie den Zuschnitt für den Hauptteil entlang des Stoffbruchs rechts auf rechts. Die offene Seitenkante von oben (= Spitze) bis unten zusammennähen. An der gegenüberliegenden Seite die gebogene Kante oberhalb des Stoffbruchs zusammennähen 1.

2 Falten Sie die Mütze nun so, dass die beiden Nähte rechts auf rechts aufeinanderliegen. Die noch offenen gebogenen Kanten fortlaufend über die (mittig liegende) Naht zusammennähen 2.

3 Falten Sie die Zuschnitte für die Bindebändchen der Länge nach rechts auf rechts und nähen Sie sie füßchenbreit zu einem Schlauch zusammen 3. Wenden Sie den Schlauch mithilfe einer Sicherheitsnadel (siehe Seite 90, Grundtechniken, Bänder verstürzen) und schneiden Sie ihn in vier gleich lange Stücke.

4 Legen Sie jeweils zwei Zuschnitte für die Ohrenklappen rechts auf rechts und fassen Sie einen Bindebandzuschnitt an der gerundeten Kante mittig dazwischen. Die Schnittkanten liegen bündig, das Bindeband liegt auf dem Stoff. Mit Stecknadeln fixieren 4.

5 Die Nahtzugaben zurückschneiden. Die Ohrenklappen wenden und bügeln. Verknoten Sie die Enden der Bindebänder. Teilen Sie die Unterkante der Mütze in Viertel auf (siehe Seite 92, Grundtechniken, Bündchen). Die Mützennaht soll in der hinteren Mitte liegen. Platzieren Sie die Ohrenklappen so auf der linken Seite der Mütze, dass die vordere Kante jeweils bündig mit der Viertelmarkierung einer Mützenseite liegt. Die Bindebänder zeigen nach oben und die offenen Kanten liegen bündig 5.

6 Falten Sie das Bündchen in Längsrichtung links auf links und bügeln Sie einen Bruch ein. Wieder auffalten und dann der Breite nach rechts auf rechts falten. Nähen nun Sie die kurzen Seiten zusammen. Falten Sie es wieder der Länge nach und stecken Sie es mit der offenen Kante auf der linken Seite an die Unterkante der Mütze, die Ohrenklappen werden zwischengefasst 6. Nähen Sie ringsum alle Lagen zusammen.

7 Wenden Sie das Bündchen auf die rechte Seite und bügeln Sie die Unterkante. Ggf. das Bündchen noch mit einigen Stichen von Hand an der Oberkante fixieren.

1

2
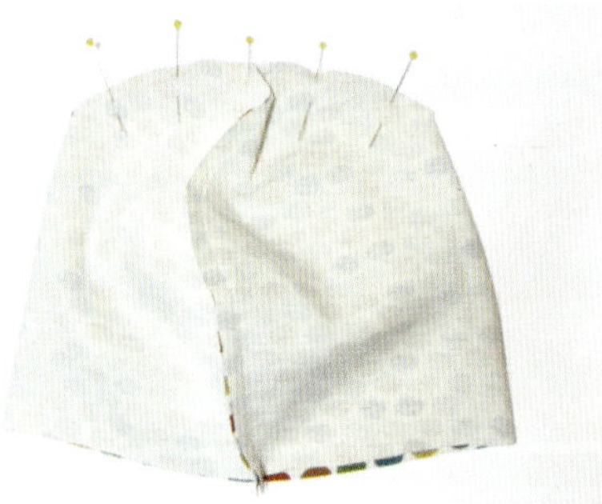

3
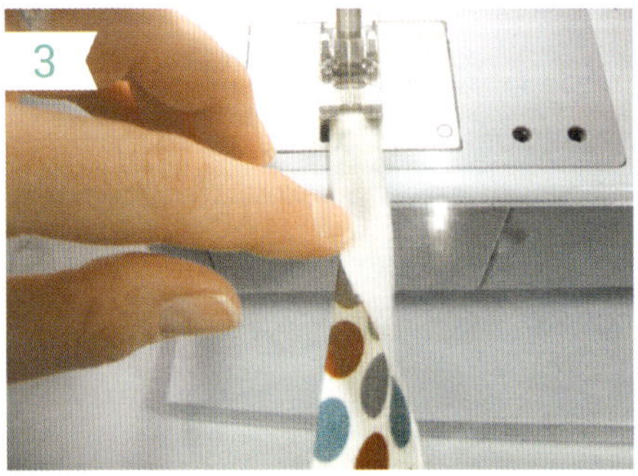

4

5
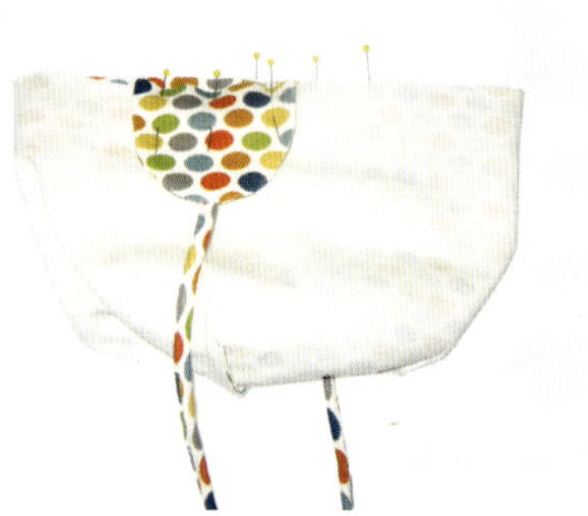

6
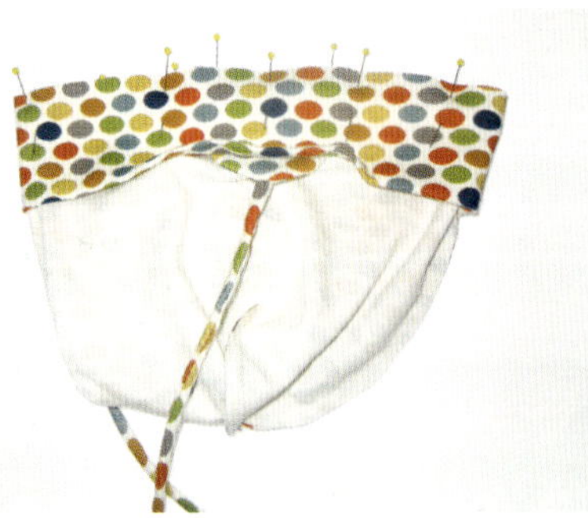

Goldige Handschuhe

Größe: 50/56–62/68 • Schwierigkeit: ✪✪✪✪ • Schnittteil 23 auf Bogen A

Diese Mini-Fäustlinge schützen nicht nur vor Kälte, sondern auch vor Kratze-Fingernägeln.

1

2

3

Nähen

Hinweis: Alle Nähte müssen mit einem elastischen Stich genäht werden (z. B. mit einem schmalen Zickzackstich: Stichlänge 3, Stichbreite 1). Verwenden Sie eine Jerseynadel.

1 Legen Sie jeweils zwei Zuschnitte für die Handschuhe aufeinander und nähen Sie die gerundeten Seiten zusammen 1. Wenden Sie dann zwei der Handschuhe auf rechts.

2 Schieben Sie jeweils zwei Handschuhe links auf links ineinander 2 und fixieren Sie die Unterkanten, die Nähte liegen bündig.

3 Falten Sie die Zuschnitte für die Bündchen der Länge nach und bügeln Sie einen mittigen Bruch hinein. Falten Sie die Bündchen nun der Breite nach rechts auf rechts und nähen Sie sie zum Ring zusammen 3. Nähen Sie die Bündchen an die Handschuhe, wie auf Seite 92 in den Grundtechniken beschrieben.

Material

- 15 cm Baumwolljersey, weiß mit verschiedenfarbigen Punkten, 140 cm breit
- 15 cm Bündchenware (Schlauchware), smaragdgrün, 70 cm breit (aufgeschnitten)

Zuschneiden

Nahtzugaben Schnittteile: Geben Sie an allen Kanten 0,75 cm Nahtzugabe hinzu.

Jersey:

- 4-mal Schnittteil 23 (Handteil)

Bündchenware:

- 2-mal 10 x 10 cm (Bündchen)

Herzige Wickeljacke

Größen: 50/56, 62/68 • Schwierigkeit: ✪✪✪✪ • Schnittteile 2a und b auf Bogen C

Mit dieser kuscheligen Jacke wird nicht nur Ihrem Kind warm ums Herz. Sie wird mit Sicherheit ein Lieblingsstück im Kleiderschrank!

Material

- 30/35 cm Baumwolljersey, grün mit Herzchen, 140 cm breit
- 30/35 cm Baumwolljersey, hellgrün-weiß geringelt, 140 cm breit

Zuschneiden

Nahtzugaben Schnittteile: Geben Sie an allen Kanten 0,75 cm Nahtzugabe hinzu.

Jersey, grün mit Herzchen (Oberstoff):

- 2-mal Schnittteil 2a, davon 1-mal gegengleich (Vorderteile)
- 1-mal Schnittteil 2b im Stoffbruch (Rückenteil)
- 2-mal 6 x 13 cm (Ärmelbündchen)
- 1-mal 2,5 x 120 cm (Bindebänder)

Jersey, hellgrün-weiß geringelt (Futterstoff):

- 2-mal Schnittteil 2a, davon 1-mal gegengleich (Vorderteile)
- 1-mal Schnittteil 2b im Stoffbruch (Rückenteil)

Nähen

Hinweis: Alle Nähte müssen mit einem elastischen Stich genäht werden (z. B. mit einem schmalen Zickzackstich: Stichlänge 3, Stichbreite 1). Verwenden Sie eine Jerseynadel.

1 Falten Sie die Zuschnitte für die Bindebänder der Länge nach rechts auf rechts und nähen Sie sie füßchenbreit zu einem Schlauch zusammen. Wenden Sie den Schlauch mithilfe einer Sicherheitsnadel (siehe Seite 90, Grundtechniken, Bänder verstürzen) und schneiden Sie ihn in vier gleich lange Stücke. Stecken Sie die Bindebänder entsprechend den Markierungen bzw. entsprechend dem Foto mit Stecknadeln auf den Schnittteilen fest 1.

2 Legen Sie die Vorderteile rechts auf rechts bündig auf das Rückenteil und nähen Sie die Schulter- und oberen Ärmelnähte sowie fortlaufend die Seiten- und unteren Ärmelnähte 2. Gehen Sie mit dem Futterstoff genauso vor.

3 Die Futterjacke rechts auf rechts über die Jacke aus Oberstoff ziehen, alle Kanten bündig aufeinanderlegen und fixieren 3. Nähen Sie beide Teile ringsum zusammen.

4 Wenden Sie die Jacke durch einen Ärmel auf rechts 4.

5 Falten Sie die Ärmelbündchen der Länge nach und bügeln Sie einen mittigen Bruch hinein. Falten Sie die Ärmelbündchen nun der Breite nach rechts auf rechts und nähen Sie sie zum Ring zusammen. Nähen Sie dann die Bündchen an die Unterkanten der Ärmel, wie auf Seite 92 in den Grundtechniken beschrieben.

1

2

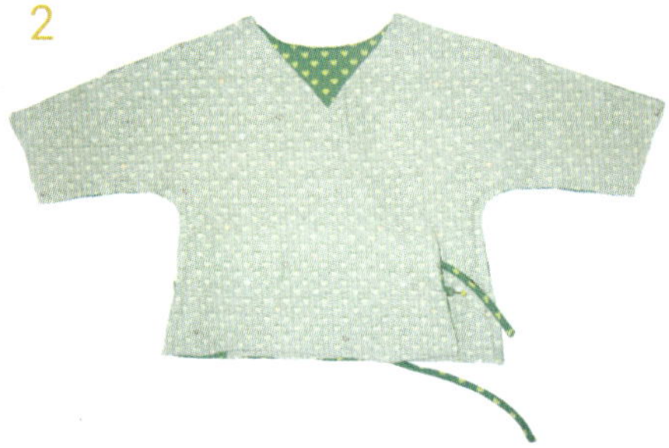

3

4

Gemütliche Strampelhose

Größen: 50/56, 62/68 • Schwierigkeit: ✪✪✪✪ • Schnittteile 4a–c auf Bogen D

So klein und schon Jeans? Ja klar, dank Jersey in Jeansoptik ist diese Strampelhose cool und bequem. Und sie bietet genug Platz für die Windeln darunter. Also lass uns spielen!

Material

- 40/45 cm Baumwolljersey, blau in Jeansoptik, 140 cm breit

Zuschneiden

Nahtzugaben Schnittteile: Geben Sie an allen Kanten 0,75 cm Nahtzugabe hinzu.

Jersey:

- 2-mal Schnittteil 4a, davon 1-mal gegengleich (vorderes Hosenteil)
- 2-mal Schnittteil 4b, davon 1-mal gegengleich (rückwärtiges Hosenteil)
- 2-mal Schnittteil 4c (Sohle)
- 1-mal 15 x 38/40 cm (Bündchen)

1

2

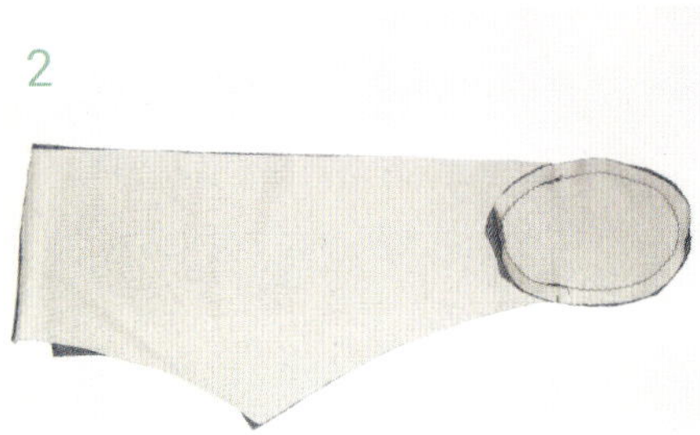

3

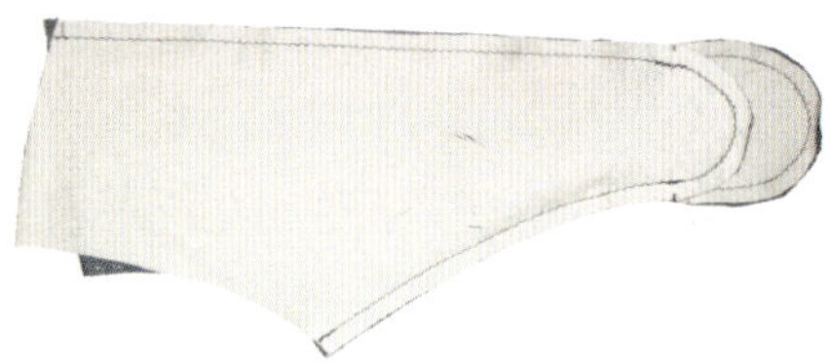

4a

4b

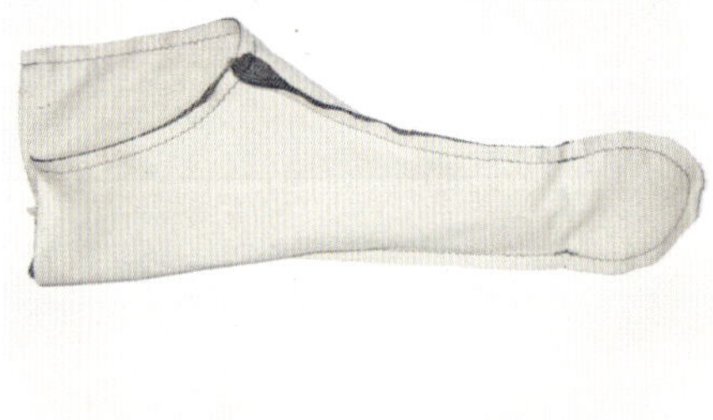

Nähen

Hinweis: Alle Nähte müssen mit einem elastischen Stich genäht werden (z. B. mit einem schmalen Zickzackstich: Stichlänge 3, Stichbreite 1). Verwenden Sie eine Jerseynadel.

1 Legen Sie die Zuschnitte für die Sohlen jeweils rechts auf rechts auf die rückwärtigen Hosenteile und nähen Sie sie im Fersenbereich (von Markierung zu Markierung) zusammen 1.

2 Legen Sie die rückwärtigen Teile rechts auf rechts auf die vorderen Hosenteile und nähen Sie den Fußbereich von Fersennaht zu Fersennaht zusammen 2.

3 Klappen Sie nun den Fersenbereich in Richtung Fuß und nähen Sie jeweils von der Fersennaht aus die Innen- und Außenbeinnähte 3.

4 Wenden Sie eines der Hosenbeine auf rechts und ziehen Sie das andere rechts auf rechts darüber 4a. Nun die vordere Mittelnaht und die Gesäßnaht fixieren und fortlaufend nähen, die Schrittnähte liegen bündig aufeinander 4b.

5 Nähen Sie das Bündchen an die Oberkante der Hose, wie auf Seite 92 in den Grundtechniken beschrieben.

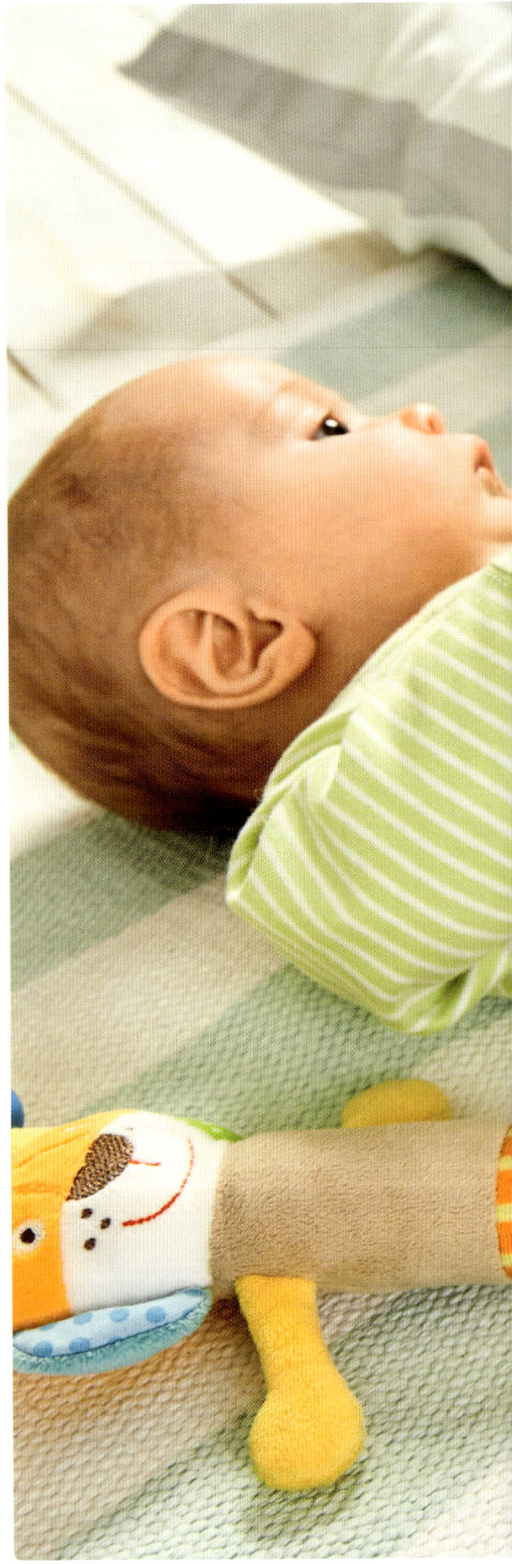

Mollige Schühchen

Größen: 16/17/18/18 • Schwierigkeit: ★★☆☆ • Schnittteile 24a–c auf Bogen B

Hier sind zarte Babyfüße kuschelweich und warm umhüllt. Dank der Bindebänder halten die süßen Schuhe auch Strampelfüße warm.

Nähen

1 Stecken Sie das Vorderteil rechts auf rechts an das Hauptteil, die Markierung am Vorderteil und die Bruchkante im Hauptteil liegen bündig 1. Nähen Sie das Vorderteil an das Hauptteil. Verfahren Sie mit allen anderen Zuschnitten ebenso.

2 Stecken und nähen Sie dann die hintere Mittelnaht am Hauptteil zusammen. Bei den Zuschnitten aus Frottee lassen Sie zwischen den Markierungen eine Lücke. Verriegeln Sie die Naht am Anfang und Ende der Lücke 2.

3 Stecken Sie die Sohle rechts auf rechts an das Hauptteil, die Markierungen an der Sohle und die Bruchkante sowie die hintere Mittelnaht im Hauptteil liegen bündig. Nähen Sie die Sohle an das Hauptteil 3.

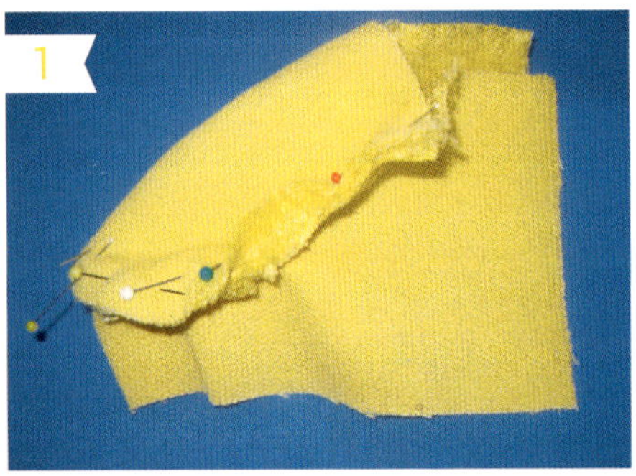

4 Wenden Sie die Frotteeschuhe auf rechts und ziehen Sie die Jerseyschuhe rechts auf rechts darüber, die Nähte liegen bündig. Die Kanten zusammenstecken und dann nähen, dabei eine Wendeöffnung lassen 4.

5 Wenden Sie die Schuhe durch die Wendeöffnung auf rechts, bügeln Sie die Oberkante. Nähen Sie die Wendeöffnung von Hand mit überwendlichen Stichen zu 5.

6 Nähen Sie an jedem Schuh zwei Nähte parallel zur Oberkante im Abstand von 2 cm und 3,5 cm 6. Das werden die Tunnel für die Bindebänder.

7 Falten Sie den Zuschnitt für die Bindebänder der Länge nach rechts auf rechts und nähen Sie ihn füßchenbreit zu einem Schlauch zusammen. Wenden Sie den Schlauch mithilfe einer Sicherheitsnadel (siehe Seite 90, Grundtechniken, Bänder verstürzen) und schneiden Sie ihn in zwei gleich lange Stücke 7. Fädeln Sie jeweils ein Bindeband durch die Tunnel an den Schuhen und verknoten Sie die Enden.

Material

- 15 cm Baumwollfrottee, gelb, 140 cm breit
- 15 cm Baumwolljersey, grün mit Herzchenmuster, 140 cm breit

Zuschneiden

Nahtzugaben Schnittteile: Geben Sie an allen Kanten 0,75 cm Nahtzugabe hinzu.

Frottee:
- 2-mal Schnittteil 24a im Stoffbruch (Hauptteil)
- 2-mal Schnittteil 24b (Vorderteil/Schuhblatt)
- 2-mal Schnittteil 24c (Sohle)

Jersey:
- 2-mal Schnittteil 24a im Stoffbruch (Hauptteil)
- 2-mal Schnittteil 24b (Vorderteil/Schuhblatt)
- 2-mal Schnittteil 24c (Sohle)
- 1-mal 2,5 x 95 cm (Bindeband)

2

3

4

5

6

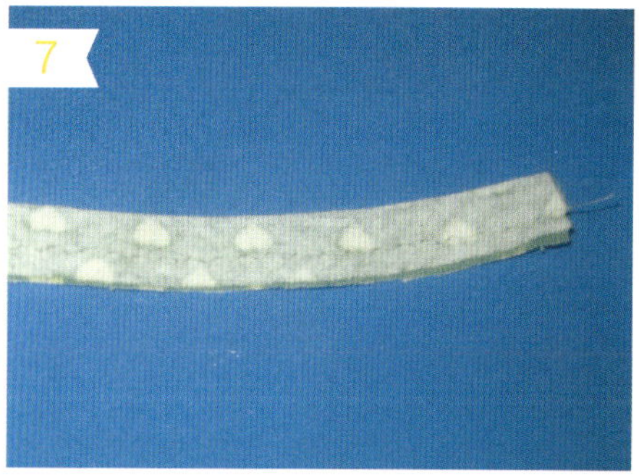
7

20
4
3

Pfiffiger Wickeloverall

Größen: 50/56, 62/68 • Schwierigkeit: ✪✪✪✪ • Schnittteile 2a und b auf Bogen C

Mit so einem raffinierten Overall zum Wickeln sind die Kleinsten von oben bis unten hübsch angezogen.

Material

- 60/65 cm Baumwolljersey, türkisblau mit Punkten, 140 cm breit

Zuschneiden

Nahtzugaben Schnittteile: An der Halsausschnittkante und fortlaufend an den Vorderteilkanten, die übereinandergeschlagen werden, sowie an den Unterkanten der Ärmel **keine** Nahtzugaben hinzugeben! Geben Sie an allen anderen Kanten 0,75 cm Nahtzugabe hinzu.

Jersey:

- 2-mal Schnittteil 2a, davon 1-mal gegengleich (Vorderteile)
- 1-mal Schnittteil 2b im Stoffbruch (Rückenteil)
- 2-mal 7,5 x 14/15 cm (Knöchelbündchen)
- 1-mal 3,5 x 110/120 cm (Einfassstreifen Halsausschnitt und Vorderteilkanten sowie Ärmelsäume)
- 1-mal 2,5 x 120 cm (Bindebänder)

Nähen

Hinweis: Alle Nähte müssen mit einem elastischen Stich genäht werden (z. B. mit einem schmalen Zickzackstich: Stichlänge 3, Stichbreite 1). Verwenden Sie eine Jerseynadel.

1 Die Vorderteile rechts auf rechts auf das Rückenteil legen, sodass die Schulter- und oberen Ärmelnähte bündig liegen. Dann Schulter- und obere Ärmelnähte steppen.

2 Falten Sie die Zuschnitte für die Bindebänder der Länge nach rechts auf rechts und nähen Sie sie füßchenbreit zu einem Schlauch zusammen. Wenden Sie den Schlauch mithilfe einer Sicherheitsnadel (siehe Seite 90, Grundtechniken, Bänder verstürzen) und schneiden Sie ihn in vier gleich lange Stücke. Stecken Sie die Bindebänder entsprechend den Markierungen bzw. entsprechend dem Foto mit Stecknadeln auf dem Overall fest 2 und fixieren Sie sie dann mit einigen Stichen.

3 Nähen Sie den Einfassstreifen fortlaufend an die vorderen Kanten und die Ärmelsäume. Schlagen Sie den Einfassstreifen entlang der Vorderkanten nach links um und nähen Sie ihn fest, wie im Grundkurs auf Seite 92 beschrieben. Die Einfassstreifen an den Ärmelsäumen jedoch noch nicht umfalten 3.

4 Falten Sie den Overall so, dass Vorder- und Rückenteil rechts auf rechts aufeinanderliegen, die Seitenkanten liegen bündig. Nähen Sie fortlaufend die unteren Ärmel- und die Seitennähte. Nähen Sie ebenfalls die bündig liegende Schrittnaht 4.

5 Schlagen Sie nun die Einfassstreifen an den Ärmelsäumen nach links um und nähen Sie sie fest, wie auf Seite 92 in den Grundtechniken beschrieben.

2

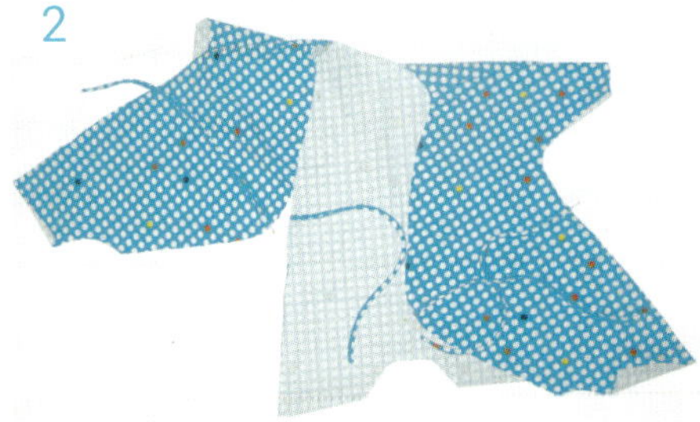

3

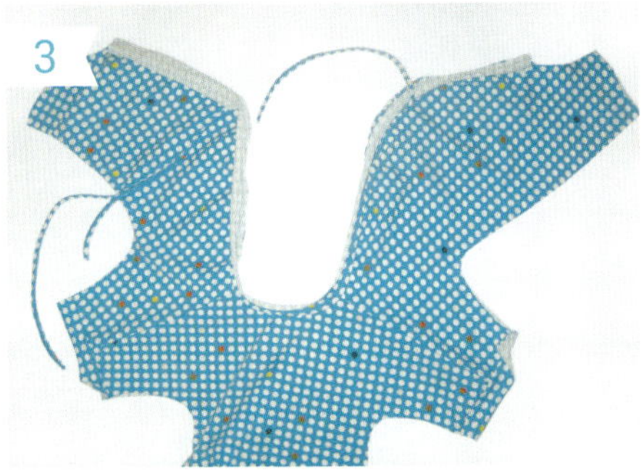

4

6 Falten Sie die Zuschnitte für die Knöchelbündchen jeweils der Länge nach und bügeln Sie einen mittigen Bruch hinein. Falten Sie sie dann der Breite nach rechts auf rechts und nähen Sie sie jeweils zum Ring zusammen. Nähen sie die Bündchen an die Unterkanten der Beine, wie auf Seite 92 in den Grundtechniken beschrieben.

Süße Pumphose

Größen: 50/56, 62/68, 74/80, 86/92 • Schwierigkeit: ★★☆☆ • Schnittteil 8 auf Bogen D

Für unternehmungslustige Kids! Diese Pumphosen aus Feincord sind bequem und strapazierfähig – sie machen jede Krabbeltour mit.

Material

- 40/45/55/60 cm Babycord, senfgelb mit Tropfenmotiv oder rot, 140 cm breit
- 30 cm Bündchenware (Schlauchware), orange oder rot, 70 cm breit (aufgeschnitten)
- 50 cm Gummiband, 1 cm breit

Zuschneiden

Nahtzugaben Schnittteile: Geben Sie an der Saumkante 3 cm Nahtzugabe, an allen anderen Kanten 0,75 cm Nahtzugabe hinzu.

Hinweis: Den Cord gegen den Strich zuschneiden.

Babycord:

- 2-mal Schnittteil 8 (Hosenteil)

Bündchenware:

- 1-mal 22 x 32/36/40/44 cm (Bündchen)

Gummiband:

- 1-mal 15/17/19/21 cm (am besten am Kind ausmessen, dabei gilt: ermitteltes Maß minus 4 cm)

1

2

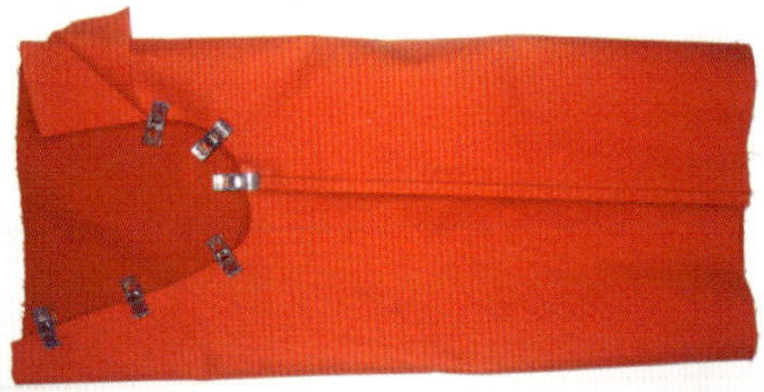

3

Nähen

1 Legen Sie die beiden Zuschnitte für die Hose jeweils rechts auf rechts aufeinander. Heften oder stecken und nähen Sie dann die Innenbeinnähte. Versäubern Sie die Naht mit Zickzackstich oder mit der Overlockmaschine 1.

2 Wenden Sie eines der Hosenbeine auf rechts und ziehen Sie das andere rechts auf rechts darüber. Die vordere Mittelnaht und die Gesäßnaht mit Stoffklammern fixieren und fortlaufend nähen 2. Versäubern Sie anschließend wieder die Nähte.

3 Falten Sie den Zuschnitt für das Bündchen der Länge nach links auf links und bügeln Sie einen mittigen Bruch hinein. Falten Sie das Bündchen der Breite nach rechts auf rechts 3 und nähen Sie es zum Ring zusammen. Heften oder stecken Sie das Bündchen an die Oberkante der Hose und nähen Sie es an, wie auf Seite 92 in den Grundtechniken beschrieben.

4 Nähen Sie die Hosenbeinkanten mit eingezogenem Gummiband (siehe Seite 94, Grundtechniken).

Peppiger Hoodie

Größen: 50/56, 62/68, 74/80, 86/92 • Schwierigkeit: ✪✪✪✪ • Schnittteile 9a–d auf Bogen B

Mit vielen blitzenden Sternen kommt dieser fröhliche Kapuzenpulli daher. Die Kapuze ist nicht einfach nur cool, sondern schützt auch an kühlen Tagen.

Material

- 50/55/60/60 cm Sweatshirtstoff, blau mit Kritzelsternen, 140 cm breit
- 30/30/35/35 cm Baumwolljersey, rot, 140 cm breit

Zuschneiden

Nahtzugaben Schnittteile: Geben Sie ringsum 0,75 cm Nahtzugabe hinzu.

Sweatshirtstoff:

- 1-mal Schnittteil 9a im Stoffbruch (Vorderteil)
- 1-mal Schnittteil 9b im Stoffbruch (Rückenteil)
- 2-mal Schnittteil 9c, davon 1-mal gegengleich (Ärmel)
- 2-mal 8 x 17 cm/8 x 18 cm/10 x 19 cm/ 10 x 20 cm (Ärmelbündchen)
- 2-mal Schnittteil 9d, davon 1-mal gegengleich (Kapuze außen)

Baumwolljersey (Futter):

- 2-mal Schnittteil 9d (Kapuze innen), davon 1-mal gegengleich

1

3

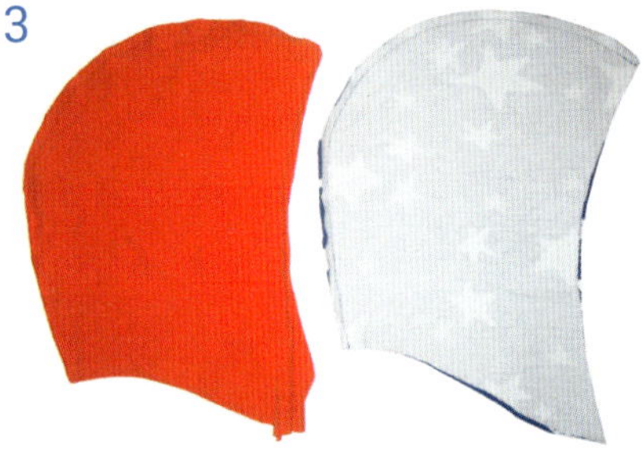

4a

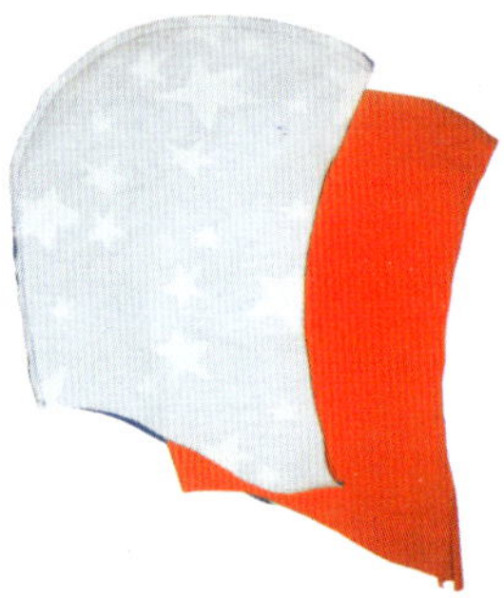

4b

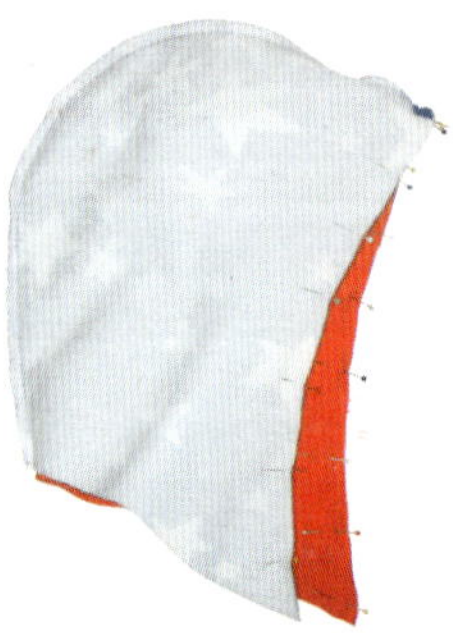

Nähen

Hinweis: Alle Nähte müssen mit einem elastischen Stich genäht werden (z. B. mit einem schmalen Zickzackstich: Stichlänge 3, Stichbreite 1). Verwenden Sie eine Jerseynadel.

1 Legen Sie Vorder- und Rückenteil rechts auf rechts bündig aufeinander und nähen Sie dann die Schulternähte zusammen 1.

2 Stecken Sie die Ärmel jeweils rechts auf rechts an die Armlöcher – die Ärmelmarkierungen liegen aufeinander – und nähen Sie die Ärmel ein, wie auf Seite 94 in den Grundtechniken beschrieben.

3 Legen Sie die Zuschnitte für die Außenkapuze rechts auf rechts aufeinander und nähen Sie sie entlang der gerundeten Kante zusammen. Gehen Sie mit dem Futter für die Innenkapuze genauso vor 3.

4 Stecken Sie die Innenkapuze rechts auf rechts in die Außenkapuze 4a. Legen Sie die Vorderkanten bündig aufeinander und fixieren Sie diese mit Stecknadeln 4b, nähen Sie die Vorderkanten zusammen.

5 Wenden Sie die Kapuze auf rechts, bügeln Sie die Kante und nähen Sie diese mit einem elastischen Geradstich oder der Zwillingsnadel im Abstand von 1,5 cm ab. Fixieren Sie die Unterkanten der Kapuze bündig mit Stecknadeln aufeinander 5 und heften Sie sie ggf.

6 Platzieren Sie die Kapuze rechts auf rechts auf dem Halsausschnitt, die Naht ist bündig mit der hinteren Mitte,

5

6

in der vorderen Mitte überlappt sich die Kapuze. Fixieren Sie die Kapuze mit Stecknadeln 6 und nähen Sie sie fest.

7 Falten Sie den Hoodie so, dass Vorder- und Rückenteil rechts auf rechts bündig aufeinanderliegen, und nähen Sie fortlaufend die Ärmel- und Seitennähte (siehe Seite 94, Grundtechniken).

8 Falten Sie die Ärmelbündchen der Länge nach und bügeln Sie einen mittigen Bruch hinein. Falten Sie die Ärmelbündchen nun der Breite nach rechts auf rechts und nähen Sie sie zum Ring zusammen. Nähen Sie die Bündchen an die Unterkanten der Ärmel, wie auf Seite 92 in den Grundtechniken beschrieben.

9 Nähen Sie den Saum, wie auf Seite 94 in den Grundtechniken beschrieben.

Maritime Shorts

Größen: 50/56, 62/68, 74/80, 86/92 • Schwierigkeit: ✪✪✪✪ • Schnittteil 10 auf Bogen C

Diese Shorts sind der Hit für die warme Jahreszeit, unkompliziert zu nähen und unverzichtbar, wenn die Temperatur nach oben klettert. Die kleinen Boote machen richtig Urlaubslaune!

Material

- 30/35/40/45 cm Jersey, hellblau mit Bootsmotiv, 140 cm breit
- 50 cm Gummiband, 2,5 cm breit

Zuschneiden

Nahtzugaben Schnittteile: Geben Sie an der Saumkante 2 cm Nahtzugabe, an allen anderen Kanten 0,75 cm Nahtzugabe hinzu.

Jersey:

- 2-mal Schnittteil 10, davon 1-mal gegengleich (Hauptteil Shorts)
- 1-mal 7,5 x 42,5/45,5/48/51 cm (Bündchen)

Gummiband:

- 1-mal 41/43/45/47 cm (am besten am Kind ausmessen, dabei gilt: ermitteltes Maß minus 4 cm)

Nähen

Hinweis: Alle Nähte müssen mit einem elastischen Stich genäht werden (z. B. mit einem schmalen Zickzackstich: Stichlänge 3, Stichbreite 1). Verwenden Sie eine Jerseynadel.

1 Legen Sie die beiden Zuschnitte für die Shorts rechts auf rechts aufeinander. Heften oder stecken Sie die vordere und hintere Mittelnaht und nähen Sie sie im Abstand von 0,75 cm zur Kante (füßchenbreit) 1.

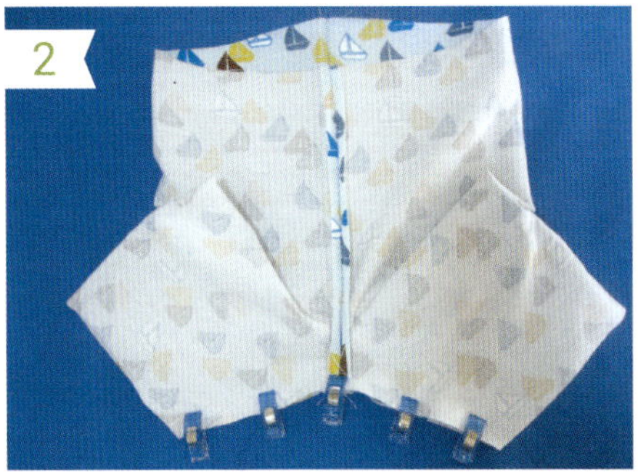

2 Falten Sie die Shorts nun so, dass hintere und vordere Mittelnaht im Schritt bündig aufeinanderliegen. Die Innenbeinnaht heften oder mit Stoffklammern oder Stecknadeln fixieren 2, dann füßchenbreit nähen.

3 Nähen Sie das Bündchen mit dem innen liegenden Gummiband an die Oberkante, wie auf Seite 94 in den Grundtechniken beschrieben.

4 Nähen Sie die Hosenbeinsäume, wie auf Seite 94 (Grundtechniken) beschrieben.

Flottes Shirt

Größen: 50/56, 62/68, 74/80, 86/92 • Schwierigkeit: ✪✪✪✪ • Schnittteile 7a–c auf Bogen A

Dank des superbequemen Kuwertausschnitts lässt sich dieses Shirt einfach an- und ausziehen – auch wenn's mal schnell gehen muss. Und das Beste ist: Es kann mit kurzen oder langen Ärmeln genäht werden.

Material

- 35/40/45/50 cm Jersey, senfgelb oder hellblau, 140 cm breit

Zuschneiden

Nahtzugaben Schnittteile: An den Halsausschnittkanten **keine** Nahtzugabe zugeben! Geben Sie an den Unterkanten 2 cm und an allen anderen Kanten 0,75 cm Nahtzugabe hinzu.

Jersey:

- 1-mal Schnittteil 7a im Stoffbruch (Vorderteil)
- 1-mal Schnittteil 7b im Stoffbruch (Rückenteil)
- 2-mal Schnittteil 7c, davon 1-mal gegengleich (kurze oder lange Ärmel)
- 1-mal 3,5 x 90/100/110/115 cm (Einfassstreifen Oberkanten Vorder- und Rückenteil und Ärmelsäume)

Nähen

Hinweis: Alle Nähte müssen mit einem elastischen Stich genäht werden (z. B. mit einem schmalen Zickzackstich: Stichlänge 3, Stichbreite 1). Verwenden Sie eine Jerseynadel.

1 Fassen Sie die Oberkanten des Vorder- und des Rückenteils mit dem Einfassstreifen ein, wie auf Seite 92 in den Grundtechniken beschrieben.

2 Legen Sie das Schulterstück des Rückenteils überlappend auf das Vorderteil, sodass die Ärmelmarkierungen aufeinanderliegen. Fixieren Sie die Schultern mit Stecknadeln 2 oder heften Sie die Teile ggf. zusammen.

3 Nähen Sie die Ärmel ein, wie auf Seite 94 in den Grundtechniken beschrieben.

4 Nähen Sie den Einfassstreifen an die Ärmelsäume, falten Sie ihn jedoch nicht um 4.

5 Falten Sie das Shirt so, dass Vorder- und Rückenteil rechts auf rechts aufeinanderliegen, die Seitenkanten liegen bündig. Nähen Sie fortlaufend die Ärmel- und Seitennähte (siehe Seite 94, Grundtechniken).

6 Schlagen Sie nun den Einfassstreifen an den Ärmeln nach links um 6 und nähen Sie ihn fest, wie auf Seite 94 in den Grundtechniken beschrieben.

7 Nähen Sie den Saum des Shirts (siehe Seite 94, Grundtechniken).

2

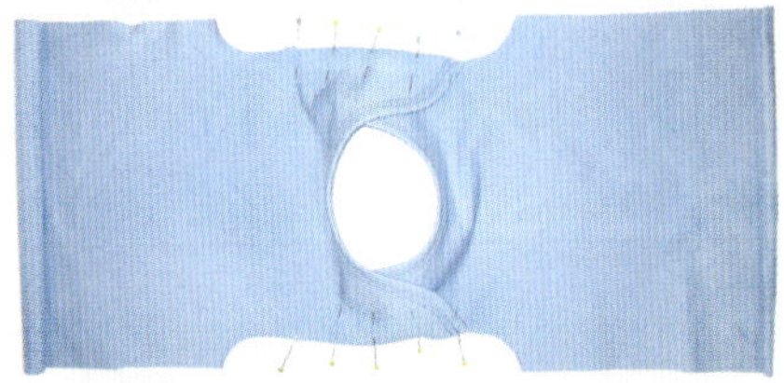

4

6

Weiter Rock mit Shorts

Größen: 50/56, 62/68, 74/80, 86/92 • Schwierigkeit: ✪✪✪✪ • Schnittteile 10 und 13 auf Bogen C

Herumtoben und trotzdem nicht auf mädchenhaften Chic verzichten? Ganz einfach! Beim Rock mit integrierten Shorts verrutscht nichts. Ein großes Blumenmeer gefällt auch wilden Mädchen.

Material

- 30/35/40/45 cm Jersey, lila mit Blumenmotiv, 140 cm breit
- 50 cm Gummiband, 2,5 cm breit

Zuschneiden

Nahtzugaben Schnittteile: Geben Sie an der Saumkante 2 cm Nahtzugabe, an allen anderen Kanten 0,75 cm Nahtzugabe hinzu.

Jersey:

- 2-mal Schnittteil 10, davon 1-mal gegengleich (Hauptteil Shorts)
- 2-mal Schnittteil 13 (Hauptteil Rock)
- 1-mal 7,5 x 42,5/45,5/48/51 cm Bündchen

Gummiband:

- 1-mal 41/43/45/47 cm (am besten am Kind ausmessen, dabei gilt: ermitteltes Maß minus 4 cm)

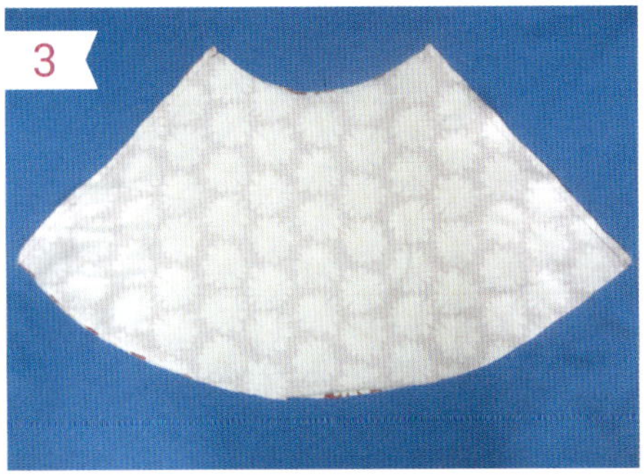

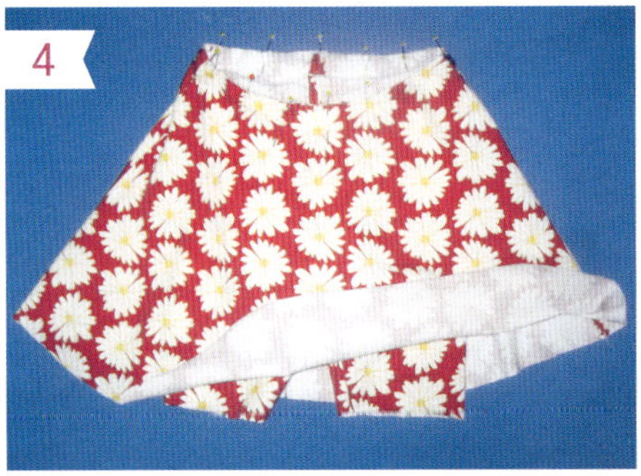

Nähen

Hinweis: Alle Nähte müssen mit einem elastischen Stich genäht werden (z. B. mit einem schmalen Zickzackstich: Stichlänge 3, Stichbreite 1). Verwenden Sie eine Jerseynadel.

1 Legen Sie die beiden Zuschnitte für die Shorts rechts auf rechts aufeinander und nähen Sie die vordere und hintere Mittelnaht (siehe Shorts, Schritt 1, Seite 32).

2 Falten Sie die Shorts nun so, dass die hintere und die vordere Mittelnaht im Schritt bündig aufeinanderliegen. Fixieren und nähen Sie dann die Innenbeinnaht (siehe Shorts, Schritt 2, Seite 32).

3 Legen Sie die beiden Zuschnitte für den Rock rechts auf rechts aufeinander. Heften oder stecken und nähen Sie dann die Seitennähte 3.

4 Ziehen Sie den Rock über die Shorts, sodass die linke Seite des Rocks auf der rechten Seite der Shorts liegt. Richten Sie die vordere und hintere Mitte des Rocks auf den Mittelnähten der Shorts aus und fixieren Sie alles mit Stoffklammern oder Stecknadeln. Nähen Sie Shorts und Rock entlang der Oberkante ringsum knappkantig zusammen 4.

5 Nähen Sie das Bündchen mit dem innen liegenden Gummiband an die Oberkante (siehe Seite 94, Grundtechniken).

6 Steppen Sie die Hosenbeinsäume und den Rocksaum, wie auf Seite 94 in den Grundtechniken beschrieben.

Schmeichelweicher Body

Größen: 50/56, 62/68, 74/80, 86/92 • Schwierigkeit: ✪✪✪✪ • Schnittteile 7a–c auf Bogen A

Ob für drunter oder drüber, Bodys kann man nie genug haben! Durch den Kuvertausschnitt lässt sich dieser leicht und schnell über den Kopf ziehen. Je nach Jahreszeit können Sie ihn mit kurzen oder langen Ärmeln fertigen.

Material

- 50/55/60/65 cm Jersey, gelb mit Kringeln oder grün, 140 cm breit
- 3 nähfreie Jersey-Druckknöpfe

Zuschneiden

Nahtzugaben Schnittteile: An den Halsausschnittkanten, den Unterkanten des Bodys und an den Unterkanten der Ärmel **keine** Nahtzugaben zugeben! Geben Sie an allen anderen Kanten 0,75 cm Nahtzugabe hinzu.

Jersey:

- 1-mal Schnittteil 7a im Stoffbruch (Vorderteil)
- 1-mal Schnittteil 7b im Stoffbruch (Rückenteil)
- 2-mal Schnittteil 7c, davon 1-mal gegengleich (kurze oder lange Ärmel)
- 1-mal 3,5 x 160/170/180/185 cm (Einfassstreifen Oberkanten und Unterkante Vorder-/Rückenteil und Ärmelsäume)

Tipp: Für empfindliche Babyhaut sollten Sie auf zertifizierte Biostoffe achten, z. B. GOTS (Global Organic Textile Standard), Ökotex usw. Oder versuchen Sie es mit Upcycling! Ältere geliebte T-Shirts von Mama und Papa wurden oft gewaschen und sind somit wunderbar schadstofffrei.

und nähen Sie die Ärmel ein, wie auf Seite 94 in den Grundtechniken beschrieben.

Nähen

Hinweis: Alle Nähte müssen mit einem elastischen Stich genäht werden (z. B. mit einem schmalen Zickzackstich: Stichlänge 3, Stichbreite 1). Verwenden Sie eine Jerseynadel.

1 Fassen Sie die Oberkanten des Vorder- und des Rückenteils mit dem Einfassstreifen ein, wie auf Seite 92 in den Grundtechniken beschrieben.

2 Legen Sie das Schulterstück des Rückenteils überlappend auf das Vorderteil, sodass die Ärmelmarkierungen aufeinanderliegen. Fixieren Sie die Schultern mit Stecknadeln oder heften Sie die Teile ggf. zusammen (siehe Shirt, Schritt 2, Seite 34).

3 Stecken Sie die Ärmel jeweils rechts auf rechts an die Armlöcher – die Ärmelmarkierungen liegen aufeinander – und nähen Sie die Ärmel ein, wie auf Seite 94 in den Grundtechniken beschrieben.

4 Nähen Sie den Einfassstreifen an die Ärmelsäume, falten Sie ihn jedoch nicht um (siehe Shirt, Schritt 4, Seite 34).

5 Falten Sie das Shirt so, dass Vorder- und Rückenteil rechts auf rechts aufeinanderliegen, die Seitenkanten liegen bündig. Stecken und nähen Sie dann fortlaufend eine Ärmel- und Seitennaht 5; die andere Seite bleibt noch offen.

6 Nähen Sie den Einfassstreifen an die Unterkante, falten Sie ihn jedoch noch nicht um 6.

7 Falten Sie den Body wieder so, dass Vorder- und Rückenteil rechts auf rechts aufeinanderliegen, die Seitenkanten liegen bündig. Stecken und nähen Sie nun in einem Zug die verbleibende Ärmel- und Seitennaht 7.

8 Schlagen Sie den Einfassstreifen nach links um und nähen Sie ihn fest, wie auf Seite 92 in den Grundtechniken beschrieben.

9 Bringen Sie an Vorder- und Rückenteil entsprechend den Markierungen an der Unterkante des Bodys die Druckknöpfe an.

5

6

7

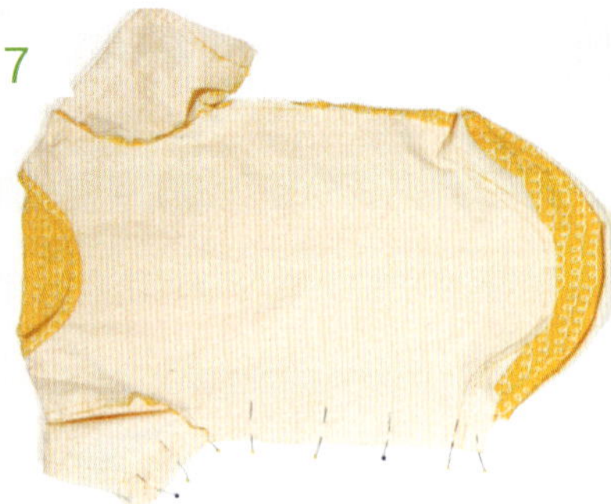

90

Knallig rote Latzhose

Größen: 74/80, 86/92 • Schwierigkeit: ✪✪✪✪ • Schnittteile 15a–d auf Bogen B

Wenn es an die ersten Laufversuche geht, sind Latzhosen der Renner. Und so ein Kätzchendruck gefällt Jungen und Mädchen! Die aufgesetzte Tasche kann auch aus einem kontrastfarbenen Stoff gearbeitet werden.

Material

- 70 cm Baumwollcanvas, rot mit Katzenmotiv, 140 cm breit
- 20 cm Bügeleinlage, 90 cm breit
- 4 nähfreie Druckknöpfe
- 30 cm Gummiband, 2 cm breit

Zuschneiden

Nahtzugaben Schnittteile: Geben Sie an den Saumkanten 2 cm, an der Oberkante der Rückenteile 3,5 cm, an allen anderen Kanten 0,75 cm Nahtzugabe hinzu.

Baumwollcanvas:

- 2-mal Schnittteil 15a, davon 1-mal gegengleich (Vorderteil)
- 2-mal Schnittteil 15b, davon 1-mal gegengleich (Rückenteil)
- 2-mal Schnittteil 15c (Tasche)
- 1-mal Schnittteil 15d im Stoffbruch (Beleg)
- 2-mal 9 x 45/47 cm (Träger)

Bügeleinlage:

- 1-mal Schnittteil 15d im Stoffbruch (Beleg)
- 2-mal 9 x 45/47 cm (Träger)

Gummiband:

- 1-mal 26/28 cm (am besten am Kind ausmessen, dabei gilt: ermitteltes Maß minus 4 cm)

1

2a

2b

3

Nähen

1 Die Bügeleinlage auf die linke Seite des Belegs und die Zuschnitte für die Träger bügeln 1.

2 Legen Sie die beiden Zuschnitte für das Vorderteil rechts auf rechts bündig aufeinander und nähen Sie die vordere Mittelnaht 2a. Versäubern Sie die Nahtzugaben. Bügeln Sie die Nahtzugaben zu einer Seite und nähen Sie sie von rechts aus knappkantig ab 2b.

3 Legen Sie die Zuschnitte für die Tasche rechts auf rechts. Nähen Sie sie ringsum zusammen, lassen Sie dabei im unteren Bereich eine Wendeöffnung von ca. 3–4 cm offen 3. Die Tasche auf rechts wenden und bügeln.

4 Nähen Sie die obere Kante knappkantig ab und platzieren Sie die Tasche zeichengemäß auf dem Vorderteil der Hose. Entlang der Seiten und der Unterkante knappkantig aufsteppen 4.

5 Legen Sie die beiden Rückenteile rechts auf rechts aufeinander und nähen Sie die Gesäßnaht. Versäubern Sie die Nahtzugaben 5. Die Nahtzugaben zu einer Seite bügeln und von rechts knappkantig abnähen.

6 Die Oberkante des Rückenteils versäubern, dann 3,5 cm breit zur linken Seite umfalten und im Abstand von 2,5 cm festnähen 6a. Ziehen Sie das Gummiband durch den Tunnel (siehe Seite 94, Grundtechniken, Kante mit eingezogenem Gummiband) und nähen Sie es an beiden Seiten fest. Das Gummiband ist kürzer als der Tunnel und kräuselt ihn ein 6b.

7 Legen Sie den Beleg rechts auf rechts bündig auf die Oberkante des Vorderteils und nähen Sie ihn entlang der Oberkante auf 7a. Schneiden Sie die Nahtzugaben zurück und wenden Sie den Beleg auf rechts. Die Ecken schön herausarbeiten und die Kante bügeln. Nähen Sie die Kante im knappen Abstand parallel ab 7b.

8 Die Zuschnitte für die Träger in Längsrichtung rechts auf rechts falten und die Längskanten zusammennähen 8. Die Träger auf rechts wenden und bügeln. Nähen Sie beide Längskanten knappkantig ab und versäubern Sie die Enden.

9 Legen Sie beide Träger leicht schräg übereinander 9a. Legen Sie nun die Unterkanten der Träger auf die linke Seite des Rückenteils und nähen Sie einmal knappkantig und einmal im Abstand von 2,5 cm darüber 9b.

10 Platzieren Sie das Rückenteil rechts auf rechts auf dem Vorderteil. Nähen Sie fortlaufend die Innenbeinnähte. Die Nahtzugaben versäubern 10, dann zu einer Seite bügeln und von rechts knappkantig abnähen. Nähen Sie anschließend die Außenbeinnähte.

11 Bringen Sie an der Oberkante des Latzes und an den Trägern die Druckknöpfe an. Am besten probieren Sie die Hose dem Kind an, um die optimalen Stellen für die Knöpfe zu finden. Sie können auf dem Träger auch noch weitere Druckknöpfe zum „Mitwachsen“ anbringen.

12 Nähen Sie die Hosenbeinsäume, wie auf Seite 94 (Grundtechniken) für Webstoffe beschrieben.

4

5

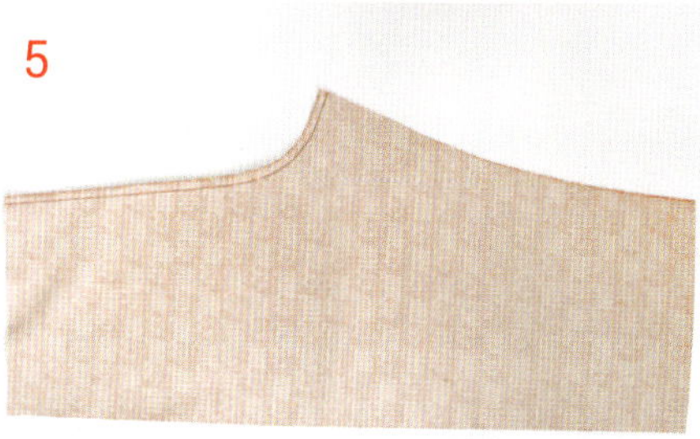

6a

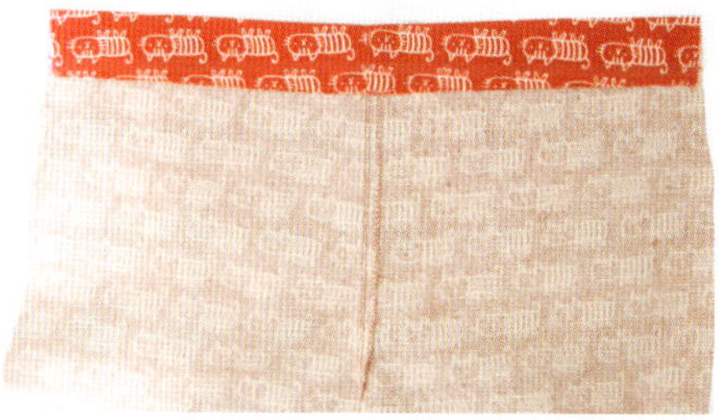

6b

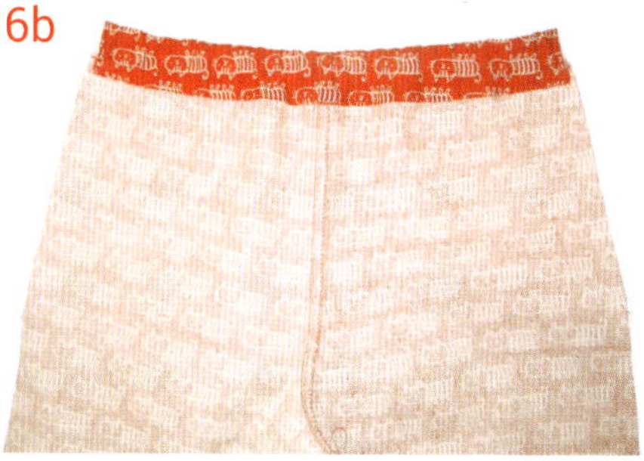

7a

7b

8

9a

9b

10

Geringeltes Halstuch

Größe: Einheitsgröße, Umfang ca. 25–30 cm • Schwierigkeit: ★☆☆☆ • Schnittteile 25a und b auf Bogen D

So ein fescher Fratz! Wenn die ersten Zähnchen kommen, schützt dieser hübsche Halslatz vor Nässe – und dabei sieht er supersüß aus.

Nähen

Hinweis: Alle Nähte müssen mit einem elastischen Stich genäht werden (z. B. mit einem schmalen Zickzackstich: Stichlänge 3, Stichbreite 1). Verwenden Sie eine Jerseynadel.

1 Legen Sie die beiden Falten an der Oberseite entsprechend den Markierungen und fixieren Sie sie mit Stecknadeln 1.

2 Legen Sie Ober- und Unterseite rechts auf rechts aufeinander und nähen Sie sie ringsum zusammen. Lassen Sie dabei an der Oberkante eine Wendeöffnung von ca. 5 cm 2.

3 Das Halstuch auf rechts wenden und die Rundungen schön herausarbeiten. Bügeln Sie das Tuch, dabei muss die Nahtzugabe an der offenen Wendeöffnung nach innen geschlagen sein 3.

4 Nähen Sie entlang der Oberkante knappkantig entlang und schließen Sie damit die Wendeöffnung 4.

5 Fixieren Sie das Hakenband auf dem Ende der Oberseite, das Flauschband auf dem anderen Ende des Tuches auf der Unterseite. Nähen Sie beide Stücke ringsum knappkantig auf 5.

Material

- 30 cm Jersey, gelb-schwarz geringelt, 140 cm breit
- 2 x 3 cm Klettband (Haken- und Flauschband)

Zuschneiden

Nahtzugaben Schnittteile: Geben Sie an allen Kanten 0,75 cm Nahtzugabe hinzu.

Jersey:

- 1-mal Schnittteil 25a im Stoffbruch (Oberseite)
- 1-mal Schnittteil 25b im Stoffbruch (Unterseite)

2

3

4

5

Festliches Taufkleid

Größen: 50/56, 62/68, 74/80, 86/92 • Schwierigkeit: ✪✪✪✪ • Schnittteile 20a–c und 17c auf Bogen D

Beginnen Sie eine neue Familientradition, dieses zauberhafte Taufkleid wird ein begehrtes „Erbstück" werden.

Material

- 75/80/85/90 cm Baumwollsatin, weiß mit Sternmotiv, 140 cm breit
- 20 cm dünne Bügeleinlage, 90 cm breit
- 2 Knöpfe, 1,5 cm Durchmesser

Zuschneiden

Nahtzugaben Schnittteile: Geben Sie an der Saumkante 2 cm Nahtzugabe, an allen anderen Kanten 0,75 cm Nahtzugabe hinzu.

Baumwollsatin:

- 1-mal Schnittteil 20a im Stoffbruch (Vorderteil)
- 2-mal Schnittteil 20b, davon 1-mal gegengleich (Rückenteil)
- 1-mal Schnittteil 17c im Stoffbruch (vorderes Rockteil)
- 2-mal Schnittteil 17c, davon 1-mal gegengleich (rückwärtige Rockteile)
- 2-mal Schnittteil 20c im Stoffbruch (Ärmel)
- 1-mal 10 x 57 cm/10 x 60 cm/12 x 62 cm/ 12 x 65 cm (Halsrüsche)
- 1-mal 3,5 x 35/37/39/41 cm, im 45°-Winkel zuschneiden (Schrägband)
- 2-mal 5 x 15/16,8/18,5/20,5 cm (Belege hintere Mitte)
- 1-mal 2 x 15 cm (Knopfschlaufen)

Bügeleinlage:

- 2-mal 5 x 15/16,8/ 18,5/20,5 cm

Nähen

1 Falten Sie den Zuschnitt für die Knopfschlaufen in Längsrichtung links auf links zur Hälfte und bügeln Sie den Bruch leicht ein. Wieder aufklappen und die Längsseiten zum mittigen Falz hin falten und bügeln. Achten Sie dabei darauf, dass der mittige Falz nicht herausgebügelt wird. Den Streifen zusammenklappen, sodass nun die äußeren Bruchkanten übereinanderliegen, und erneut bügeln. Nähen Sie das Band entlang der offenen Kante knappkantig zusammen.

2 Schneiden Sie den Streifen in zwei gleich lange Stücke. Legen Sie die Streifen jeweils zur Schlaufe und stecken Sie sie auf die rechte Seite des linken Rückenteils, der Abstand oben und unten beträgt 1 cm 2. Fixieren Sie die Schlaufen mit einigen Stichen.

3 Die Belege für die hintere Mitte mit Bügeleinlage versehen, dann rechts auf rechts auf den Rückenteilen platzieren – die rückwärtige Mittelkante liegt bündig – und zusammennähen. Bügeln Sie die Nahtzugaben sorgfältig aus. Falten und bügeln Sie jeweils die noch offene Kante des Belegs 1 cm zur linken Seite um. Falten Sie auch jeweils den Beleg zur linken Seite des Rückenteils um und bügeln Sie die Bruchkante sorgfältig. Nähen Sie die Belege knappkantig neben der Bruchkante fest 3.

4 Legen Sie die Zuschnitte für die Rückenteile auf den für das Vorderteil und nähen Sie die Schulternähte. Die Nahtzugaben versäubern und anschließend auseinanderbügeln.

5 Falten und bügeln Sie die Ärmel entlang der eingezeichneten Bruchlinie. Fixieren Sie die offenen Kanten bündig aufeinander und kräuseln Sie diese Kante ein. Nähen Sie dazu zweimal parallel entlang der Oberkante in der größten Stich-

einstellung, einmal mit 0,5 cm, einmal mit 1,5 cm Abstand zur Kante. Die Nahtenden nicht verriegeln und die Garnenden nicht abschneiden! Ziehen Sie an den Garnenden, um den Stoff einzukräuseln 5, siehe auch Einkräuseln, Seite 92, Grundtechniken.

6 Fixieren Sie den Ärmel mit der Schultermarkierung auf der Schulternaht, der Ärmel zeigt zum Halsausschnitt. Fixieren Sie die Enden des Ärmels jeweils an den Markierungen. Ziehen Sie die Garnenden so weit an, dass der Ärmel genau die richtige Länge erhält. Achten Sie darauf, dass die Kräuselung gleichmäßig verteilt ist. Fixieren Sie den Ärmel ggf. mit weiteren Stecknadeln 6 und nähen Sie den Ärmel an.

7 Alle Nahtzugaben rings um das Armloch, dort wo der Ärmel angenäht ist, zusammengefasst versäubern und in Richtung Oberteil bügeln. Bügeln Sie auch die Nahtzugaben am unteren Teil des Armlochs in Nahtzugabenbreite (0,75 cm) zur linken Seite um und nähen Sie sie von rechts knappkantig fest 7.

8 Falten Sie den Streifen für die Halsrüsche in Längsrichtung rechts auf rechts und nähen Sie die kurzen Kanten zusammen 8. Den Streifen auf rechts wenden, die Ecken schön herausarbeiten und den Streifen bügeln. Falten Sie nun den gesamten Streifen in Längsrichtung links auf links und bügeln Sie einen Bruch.

9 Kräuseln Sie die Halsrüsche ebenso wie die Ärmel 9a (siehe auch Schritt 5) und fixieren Sie sie gleichmäßig gekräuselt entlang des Halsausschnitts 9b. Die Belege liegen auf der linken Seite des Rückenteils; achten Sie unbedingt darauf, dass sie sich nicht verschieben. Nähen Sie die Rüsche im Abstand von 0,5 cm zur Kante fest.

2

7

3

8

5

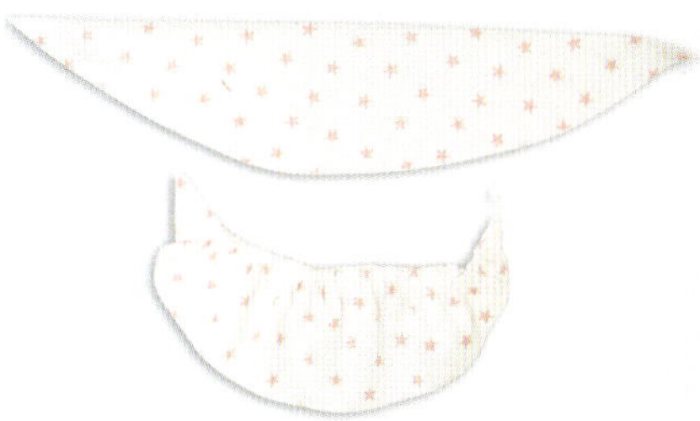

9a

6

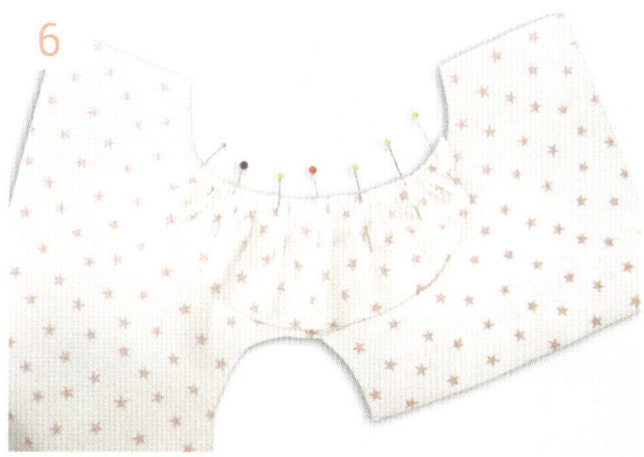

9b

10

13

11a

14

11b

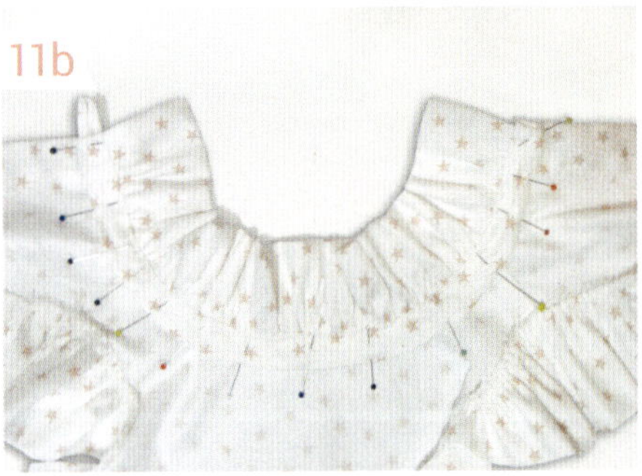

15

12

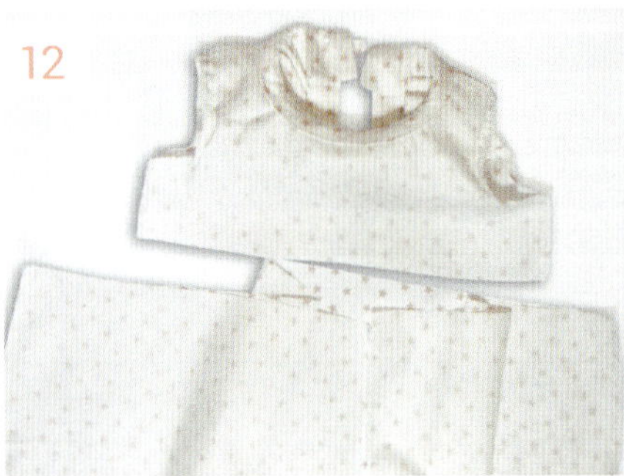

17

10

Falten Sie eine Längsseite des Schrägbands 1 cm zur linken Seite um und bügeln Sie einen Bruch. Das Schrägband rechts auf rechts auf der Halsrüsche platzieren, die offenen Kanten liegen bündig auf der Rüsche. An beiden Enden sollte mindestens 1 cm überstehen. Fixieren Sie das Schrägband mit Stecknadeln, achten Sie darauf, dass das Schrägband nicht gezogen wird 10. Das Schrägband festnähen.

11

Bügeln Sie die Nahtzugaben in Richtung des Schrägbands, nähen Sie sie knappkantig, von der rechten Seite aus fest 11a. Schneiden Sie den Überstand des Schrägbands ggf. auf 1 cm zurück und schlagen Sie diesen zur linken Seite um. Falten Sie das Schrägband auch zur linken Seite um und bügeln Sie die Kante. Steppen Sie die Kante knappkantig ab 11b.

12

Legen Sie die jeweils die Zuschnitte für das Vorder- und Rückenteil sowie die beiden Rockteile rechts auf rechts aufeinander und nähen Sie alle Seitennähte. Die Nahtzugaben versäubern 12, ebenso mit den Nahtzugaben an der hinteren Mitte des Rockteils verfahren und die Nahtzugaben auseinanderbügeln.

13

Zum Einkräuseln des Rockteils nähen Sie zweimal parallel entlang der Oberkante in der größten Sticheinstellung: einmal mit 0,5 cm, einmal mit 1,5 cm Abstand zur Kante. Die Nahtenden nicht verriegeln und die Garnenden nicht abschneiden! Ziehen Sie an den Garnenden, um den Stoff auf die Breite des Oberteils zu bringen 13.

14 Fixieren Sie das eingekräuselte Rockteil rechts auf rechts an der Unterkante des Oberteils, die Kräuselung soll dabei möglichst gleichmäßig sein, die Seitennähte liegen bündig 14. Nähen Sie das Rockteil an das Oberteil, bügeln Sie die Nahtzugabe in Richtung des Oberteils und versäubern Sie sie.

Tipp: Wenn Sie auf eine besonders schöne Innenverarbeitung Wert legen oder einen leicht transparenten Stoff verwenden, können Sie die Nahtzugaben auch mit Schrägband einfassen.

15 Nähen Sie nun die hintere Mittelnaht am Rockteil, lassen Sie die oberen 5 cm offen. Die Nahtzugaben auseinanderbügeln und im oberen offenen Bereich knappkantig festnähen. Nähen Sie hierbei auch quer über das Schlitzende, an dieser Stelle zur Verstärkung einige Stiche rückwärts- und dann erst wieder vorwärtsnähen 15.

16 Falten Sie den Saum zweimal 1 cm zur linken Seite um und bügeln Sie ihn jeweils. Nähen Sie ihn dann knappkantig fest.

17 Nähen Sie die Knöpfe entsprechend der Schlaufenplatzierung von Hand an. Achten Sie darauf, dass sie sehr fest angenäht sind und sich nicht ablösen können 17.

Luftiger Sonnenhut

Größen: bis Kopfumfang 45/51 cm • Schwierigkeit: ✪✪✪✪ • Schnittteile 21b und 22a–c auf Bogen D

Sommer, Sonne, Sonnenschein! Dieser schicke Hut schützt kleine Leute vor zu viel davon und sorgt trotzdem für Sommerlaune. Durch das Zugbändchen kann der Hut „mitwachsen" und die Kinnbänder halten ihn auch bei Wind auf dem Kopf.

Material

- 60 cm Baumwollstoff, creme mit Vogel- und Kindermotiven, 110 cm breit
- 25 x 50 cm mittelfeste Bügeleinlage

Zuschneiden

Nahtzugaben Schnittteile: Geben Sie an allen Kanten 0,75 cm Nahtzugabe hinzu.

Baumwollstoff:

- 1-mal Schnittteil 22a (Krone)
- 1-mal Schnittteil 22b im Stoffbruch (Seitenband)
- 2-mal Schnittteil 22c im Stoffbruch (Krempe)
- 4-mal Schnittteil 21b (Ohrenklappen)
- 1-mal 7 x 60 cm im schrägen Fadenlauf (Futterband)
- 1-mal 3 x 57 cm (Kinnbänder)
- 1-mal 2,5 x 80 cm (Bindeband)

Bügeleinlage:

- 1-mal Schnittteil 22c im Stoffbruch (Krempe)

Nähen

1 Bügeln Sie auf das Seitenband entsprechend der Vorlage (Schnittteil 22a) rechts und links der hinteren Mitte kleine Stücke Einlage auf. Anschließend mit der Nähmaschine gemäß Vorlage von rechts Knopflöcher zum Durchziehen des Bindebands einarbeiten 1.

2 Falten Sie das Seitenband der Breite nach rechts auf rechts und nähen Sie die beiden schmalen Seiten zusammen. Die Nahtzugaben versäubern und auseinanderbügeln, auf dem Foto ist die Naht von rechts zu sehen 2.

3 Legen Sie das Seitenband rechts auf rechts rings um die Krone, die Markierungen sind bündig. Die Naht stecken 3 bzw. ggf. vorheften, dann nähen.

4 Die Nahtzugaben zusammengefasst versäubern und in Richtung des Seitenbands bügeln. Steppen Sie die Nahtzugabe von rechts aus knappkantig auf dem Seitenband fest 4.

5 Die Bügeleinlage auf die linke Seite eines Krempenzuschnitts bügeln 5.

6 Falten Sie die Krempenzuschnitte rechts auf rechts zur Hälfte und nähen Sie die kurzen, geraden Kanten aneinander, die Nahtzugaben auseinanderbügeln 6.

7 Legen Sie beide Krempenzuschnitte bündig rechts auf rechts und nähen Sie die Außenkanten ringsum zusammen. Die Nahtzugaben zurückschneiden und zu einer Seite bügeln 7.

8 Wenden Sie die Krempe auf rechts. Die Kante schön herausarbeiten und bügeln. Nähen Sie dann die Kante knappkantig ab 8.

9 Versäubern Sie die offenen Innenkanten der Krempe zusammengefasst mit Zickzackstich.

10 Stecken Sie die Krempe rechts auf rechts an das Seitenband, die Nähte liegen bündig 10. Nähen Sie beides zusammen.

11 Falten Sie Zuschnitte für die Kinnbänder und das Zugband in Längsrichtung links auf links zur Hälfte und bügeln Sie den Bruch leicht ein. Wieder aufklappen und die Längsseiten zum mittigen Falz hin falten und bügeln (siehe auch Seite 90, Grundtechniken). Achten Sie dabei darauf, dass der mittige Falz nicht herausgebügelt wird.

12 Klappen Sie die Streifen zusammen, sodass nun die äußeren Bruchkanten übereinanderliegen, und bügeln Sie erneut. Nähen Sie das Band entlang der offenen Kante knappkantig zusammen (siehe auch Seite 90, Grundtechniken).

13 Zerschneiden Sie das Kinnband in zwei gleich lange Stücke. Legen Sie jeweils zwei Ohrenklappenzuschnitte rechts auf rechts, ein Band an der gerundeten Kante mittig zwischenfassen (die Schnittkanten liegen bündig, das Band liegt auf dem Stoff). Nähen Sie entlang der gerundeten Kante. (Siehe auch Mütze, Schritt 4, Seite 10.)

14 Schneiden Sie die Nahtzugaben zurück, wenden Sie die Ohrenklappen auf rechts, arbeiten Sie die Rundung schön heraus und bügeln Sie. Das Ende der Kinnbänder jeweils verknoten.

15 Stecken und nähen Sie dann die Ohrenklappen entsprechend der Markierung an die Innenkante der Krempe. Die Ohrenklappe liegt auf der Krempe, die offenen Kanten liegen bündig mit den offenen Kanten der Krempe 15.

16 Falten Sie den Zuschnitt für das Futterband in Längsrichtung links auf links zur Hälfte und bügeln Sie den Bruch ein. Achten Sie darauf, es dabei nicht zu verziehen.

17 Fixieren Sie das Futterband mit den offenen Kanten entlang der offenen Kante der Krempe. Falten Sie dabei ein kurzes Ende um Nahtzugabenbreite nach links. Lassen Sie den Streifen am Ende etwas überlappen 17. Nähen Sie das Futterband an.

18 Schneiden Sie die Nahtzugaben zurück und bügeln Sie den Streifen in Richtung Seitenband. Steppen Sie ihn entlang der Bruchkante knappkantig auf, so entsteht ein Tunnel für das Zugband 18.

19 Fädeln Sie das Zugband mithilfe einer Sicherheitsnadel durch die Knopflöcher in den Tunnel und verknoten Sie die Enden. Binden Sie das Zugband zur Schleife, um es der Kopfgröße anzupassen.

1

2

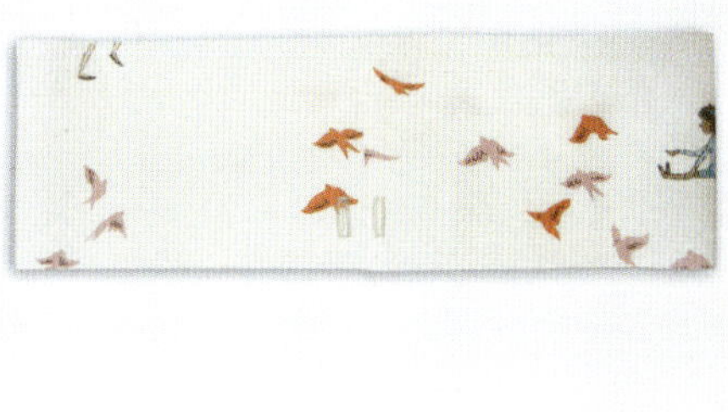

3

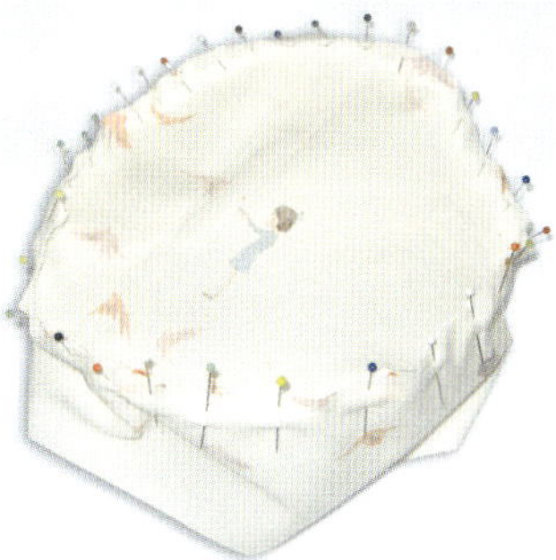

4

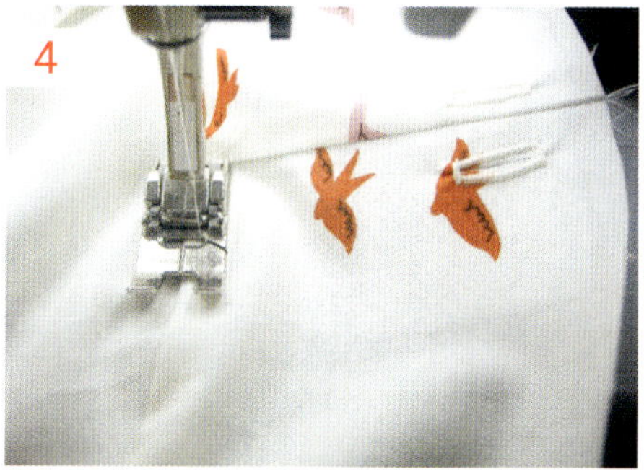

5

6

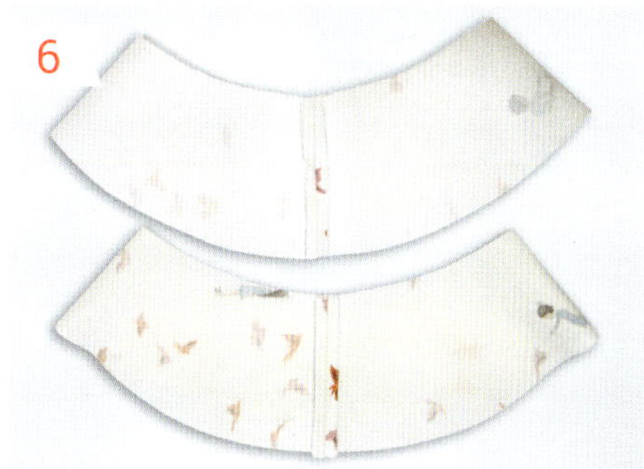

7

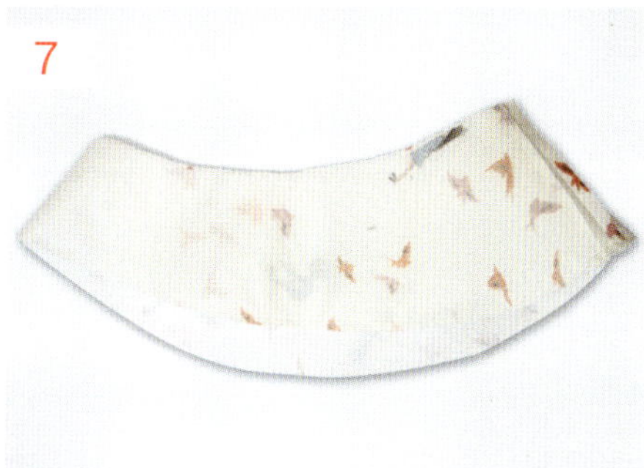

8

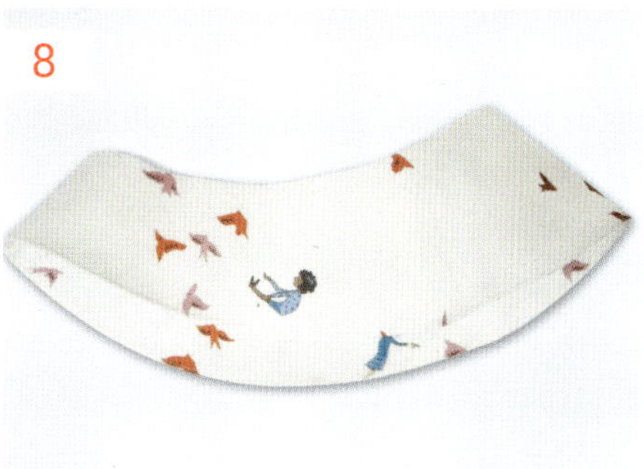

10

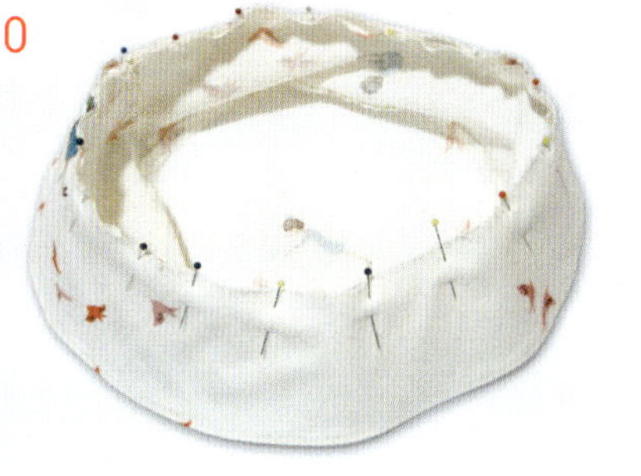

15

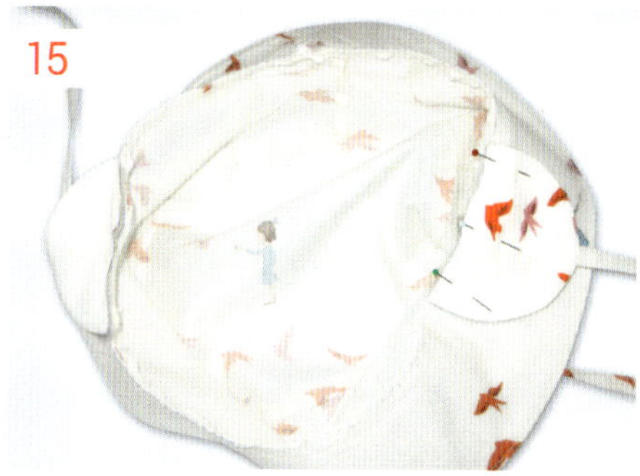

17

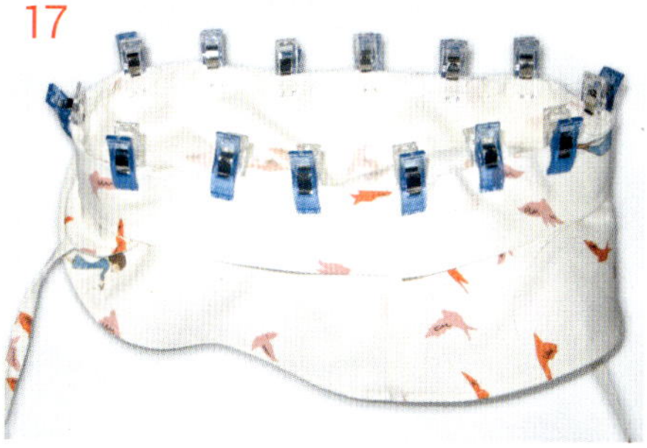

18

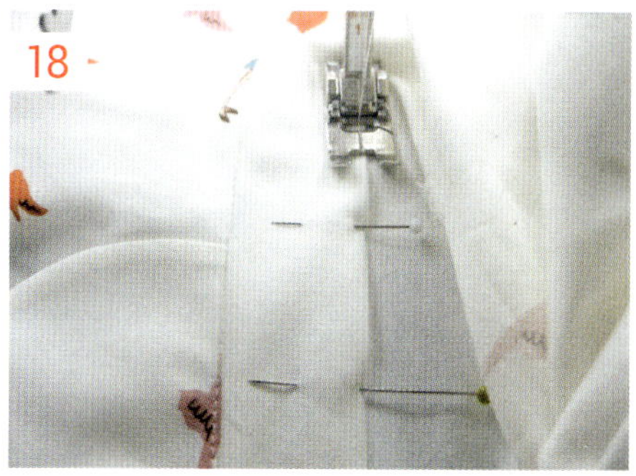

Kombinierbares Trägerkleid

Größen: 74/80, 86/92 • Schwierigkeit: ★★★☆ • Schnittteile 17a–c auf Bogen D

Ahoi! Ein herrlich leichtes Sommerkleidchen mit maritimem Druck! Und mit Langarmshirt und Leggings wird dieses Kleid sogar winterfest.

Material

- 60/70 cm Baumwollstoff, koralle mit Ankermotiv, 140 cm breit
- 20 cm dünne Bügeleinlage, 90 cm breit
- 2 nähfreie Druckknöpfe, 12 mm Durchmesser

Zuschneiden

Nahtzugaben Schnittteile: Geben Sie an der Saumkante 2 cm Nahtzugabe, an allen anderen Kanten 0,75 cm Nahtzugabe hinzu.

Baumwollstoff:

- 2-mal Schnittteil 17a im Stoffbruch (Vorderteil)
- 2-mal Schnittteil 17b im Stoffbruch (Rückenteil)
- 2-mal Schnittteil 17c im Stoffbruch (Rockteil)

Bügeleinlage:

- 2-mal Schnittteil 17a im Stoffbruch (Vorderteil)
- 2-mal Schnittteil 17b im Stoffbruch (Rückenteil)

1

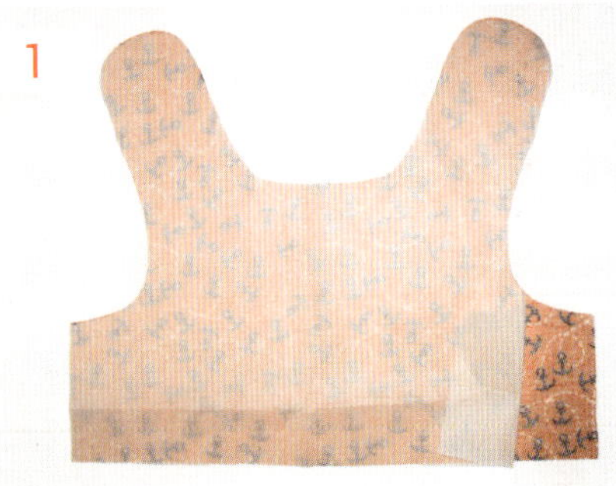

2

4

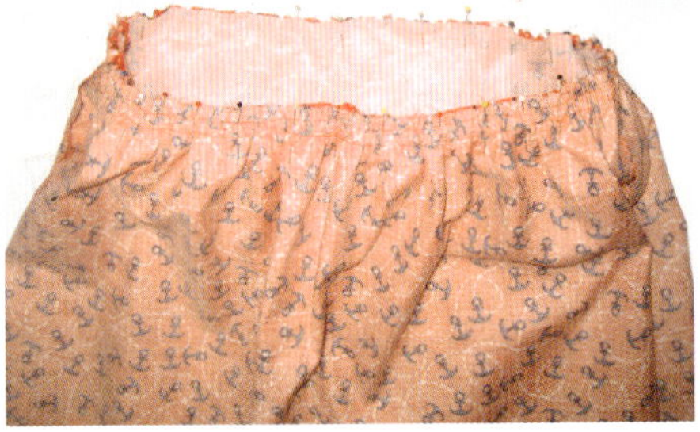

5

Nähen

1 Die Bügeleinlage auf die linke Seite des Vorder- und Rückenteils bügeln 1.

2 Legen Sie jeweils die Zuschnitte für das Vorder- und Rückenteil sowie die beiden Rockteile rechts auf rechts aufeinander und nähen Sie alle Seitennähte. Versäubern Sie die Nahtzugaben an den Rockteilen 2.

3 Zum Einkräuseln des Rockteils nähen Sie zweimal parallel entlang der Oberkante in der größten Sticheinstellung: einmal mit 0,5 cm, einmal mit 1,5 cm Abstand zur Kante. Die Nahtenden nicht verriegeln und die Garnenden nicht abschneiden! Ziehen Sie an den Garnenden, um den Stoff auf die Breite des Oberteils zu bringen (siehe auch Seite 90, Grundtechniken).

4 Fixieren Sie das eingekräuselte Rockteil rechts auf rechts an der Unterkante des mit Einlage versehenen Oberteils. Die Kräuselung soll dabei möglichst gleichmäßig sein, die Seitennähte liegen bündig. Nähen Sie das Rockteil an das Oberteil, bügeln Sie die Nahtzugabe in Richtung des Oberteils 4.

5 Versäubern Sie die Unterkante des verbleibenden Oberteils. Ziehen Sie dieses rechts auf rechts über das andere Oberteil, die Oberkanten und Nähte sind bündig. Nähen Sie beide Teile ringsum entlang der Oberkante zusammen, achten Sie darauf die Rundungen schön nachzunähen 5.

6 Schneiden Sie die Nahtzugaben zurück und wenden Sie das Futter auf rechts, arbeiten Sie die Rundungen schön heraus und bügeln Sie die Kante. Nähen Sie die Kante in knappem Abstand parallel ab 6a + 6b.

6a

6b

7

7 Fixieren Sie das Futter glatt auf dem außen liegenden Stoff und nähen Sie es von rechts her in der Naht zwischen Oberteil und Rockteil fest 7.

8 An Vorderteil und Trägern zeichengemäß die Druckknöpfe anbringen. Den Saum zweimal 1 cm zur linken Seite falten und jeweils bügeln. Dann knappkantig feststeppen.

Fröhlich bunter Schlafanzug

Größen: 62/68, 74/80, 86/92 • Schwierigkeit: ✪✪✪✪ • Schnittteile 6a–c auf Bogen B

Wer sagt, dass auf Schlafanzügen immer Schäfchen sein müssen? Knallbunte Ringel machen schon morgens gute Laune und sorgen nachts für farbenfrohe Träume.

Material

- 65/70/85 cm Baumwolljersey, blau mit bunten Streifen, 140 cm breit
- 15 cm Baumwolljersey, gelb mit Kringeln, 140 cm breit

Zuschneiden

Nahtzugaben Schnittteile: Keine Nahtzugaben an der Halsausschnittkante, den vorderen Mitten und den Unterkanten der Ärmel zugeben! Geben Sie an allen anderen Kanten 0,75 cm Nahtzugabe hinzu.

Baumwolljersey, blau mit bunten Streifen:

- 2-mal Schnittteil 6a, davon 1-mal gegengleich (Vorderteil)
- 1-mal Schnittteil 6b im Stoffbruch (Rückenteil)
- 2-mal Schnittteil 6c (Ärmel)

Baumwolljersey, gelb mit Kringeln:

- 2-mal 6 x 14/15/16 cm (Knöchelbündchen)
- 1-mal 3,5 x 130/140/150 cm (Einfassstreifen Vorderteilkanten, Ärmelsäume und Halsausschnitt)

1

2

4

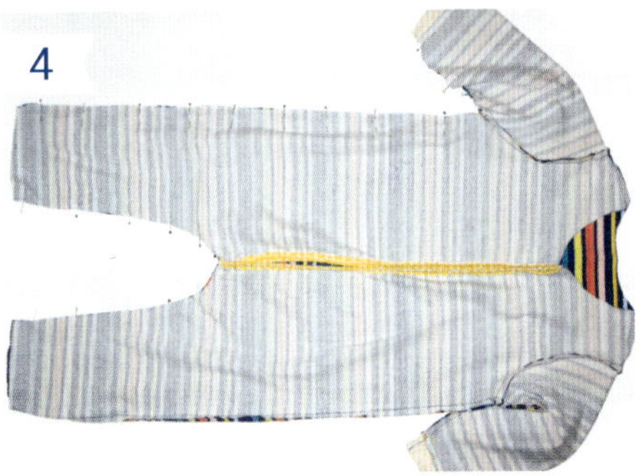

6

Nähen

Hinweis: Alle Nähte müssen mit einem elastischen Stich genäht werden (z. B. mit einem schmalen Zickzackstich: Stichlänge 3, Stichbreite 1). Verwenden Sie eine Jerseynadel.

1 Legen Sie die Vorderteile rechts auf rechts auf das Rückenteil, die Schulterkanten liegen bündig. Nähen Sie die Schulternähte 1.

2 Nähen Sie den Einfassstreifen an die vorderen Mitten und die Ärmelsäume. Schlagen Sie den Einfassstreifen entlang der Vorderteilkanten nach links um und nähen Sie ihn fest, wie auf Seite 92 in den Grundtechniken beschrieben 2. Die Einfassstreifen an den Ärmelsäumen jedoch noch nicht umfalten.

3 Stecken Sie die Ärmel jeweils rechts auf rechts an die Armlöcher – die Ärmelmarkierungen liegen aufeinander – und nähen Sie die Ärmel ein (siehe Seite 94, Grundtechniken).

4 Falten Sie den Overall so, dass Vorder- und Rückenteil rechts auf rechts aufeinanderliegen, die Seitenkanten liegen bündig. Nähen Sie fortlaufend die Ärmel- und Seitennähte 4. Nähen Sie ebenfalls die bündig liegende Schrittnaht.

5 Schlagen Sie nun die Einfassstreifen an den Ärmelsäumen nach links um und nähen Sie sie fest, wie auf Seite 92 in den Grundtechniken beschrieben.

6 Nähen Sie nun den Einfassstreifen an den Halsausschnitt, lassen Sie dabei zunächst an jedem Ende gut 1 cm überstehen. Schlagen Sie dann diesen Überstand zur linken Seite um 6 und nähen Sie den Streifen nun fest.

7 Falten Sie die Zuschnitte für die Knöchelbündchen jeweils der Länge nach und bügeln Sie einen mittigen Bruch hinein. Falten Sie sie dann der Breite nach rechts auf rechts und nähen Sie sie jeweils zum Ring zusammen. Nähen Sie nun die Bündchen an die Unterkanten der Beine (siehe Seite 92, Grundtechniken).

8 Bringen Sie entsprechend den Markierungen in Schnittteil 6a die Druckknöpfe laut Herstellerangabe an den Vorderteilkanten an.

Bequeme Leggings

Größen: 50/56, 62/68, 74/80, 86/92 • Schwierigkeit: ★☆☆☆ • Schnittteil 11 auf Bogen C

Das Basicteil für die Kleinsten, keine Babygarderobe sollte ohne sein! Leggings sind das „Ass im Ärmel“ zum Kombinieren und machen Kleidchen fit für kühlere Tage.

Material

- 35/45/50/55 cm Jersey, koralle, 140 cm breit
- 50 cm Gummiband, 2 cm breit

Zuschneiden

Nahtzugaben Schnittteile: Geben Sie an der Saumkante 2 cm Nahtzugabe, an der oberen Kante 3 cm und an allen anderen Kanten 0,75 cm Nahtzugabe hinzu.

Jersey:
- 1-mal Schnittteil 11 im Stoffbruch (vorderes Hosenteil)
- 2-mal Schnittteil 11, davon 1-mal gegengleich (rückwärtiges Hosenteil)

Gummiband:
- 1-mal 41/43/45/47 cm (am besten am Kind ausmessen, dabei gilt: ermitteltes Maß minus 4 cm)

Nähen

Hinweis: Alle Nähte müssen mit einem elastischen Stich genäht werden (z. B. mit einem schmalen Zickzackstich: Stichlänge 3, Stichbreite 1). Verwenden Sie eine Jerseynadel.

1 Legen Sie die beiden Zuschnitte für das rückwärtige Hosenteil rechts auf rechts aufeinander und nähen Sie im Abstand von 0,75 cm zur Kante (füßchenbreit) die Gesäßnaht 1.

2 Legen Sie das vordere Hosenteil rechts auf rechts auf das rückwärtige Hosenteil, die Mitte des vorderen Hosenteils sollte im Schritt bündig auf der Gesäßnaht liegen. Die Innenbeinnaht stecken oder heften 2a, dann nähen. Hier liegt das rückwärtige Hosenteil oben, Gesäß- und Innenbeinnaht sind gut zu sehen 2b.

3 Nähen Sie die Oberkante mit eingezogenem Gummiband, wie auf Seite 94 (Grundtechniken) beschrieben.

4 Nähen Sie die Saumkanten der Hosenbeine, wie auf Seite 94 (Grundtechniken) beschrieben.

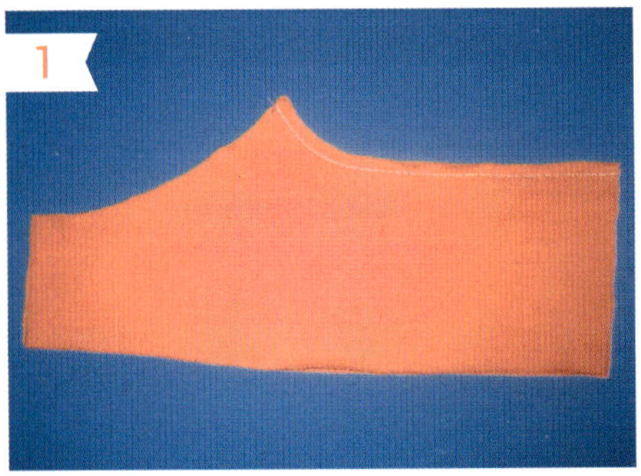

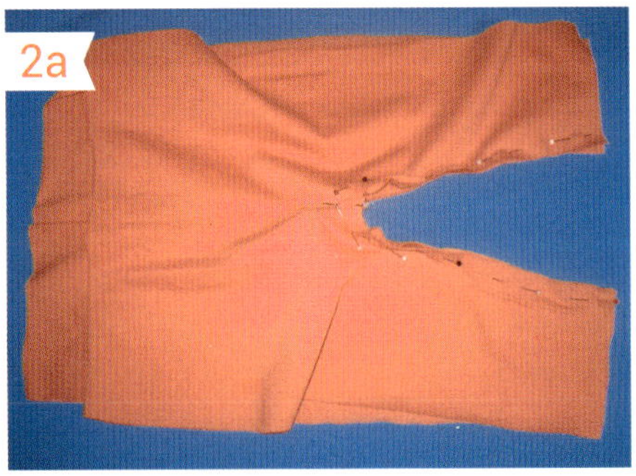

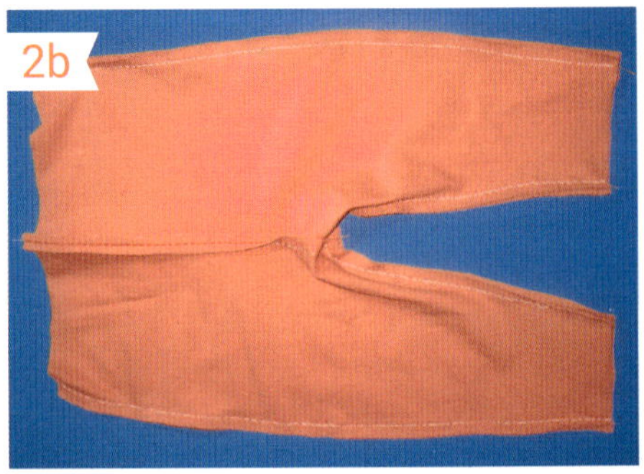

Niedliches Jerseykleidchen

Größen: 50/56, 62/68, 74/80, 86/92 • Schwierigkeit: ★☆☆☆ • Schnittteile 12a–c auf Bogen A

Dieses unkomplizierte Kleidchen macht alles mit. Das perfekte Outfit also für kleine Entdeckerinnen! Und weil die sich gewiss nicht davon trennen möchten, wächst es durch Gummibänder an Halsausschnitt und Ärmeln einfach mit.

Material

- 35/40/50/60 cm Jersey, koralle mit Ethnomotiv, 140 cm breit
- 1 m Gummiband/Framilonband, 0,5 cm breit

Zuschneiden

Nahtzugaben Schnittteile: Geben Sie an der Saumkante 2 cm Nahtzugabe, an allen anderen Kanten 0,75 cm Nahtzugabe hinzu.

Jersey:

- 1-mal Schnittteil 12a im Stoffbruch (Vorderteil)
- 1-mal Schnittteil 12b im Stoffbruch (Rückenteil)
- 2-mal Schnittteil 12c, davon 1-mal gegengleich (Ärmel)

Gummiband:

- 1-mal 31/33/35/37 cm (für den Halsausschnitt)
- 2-mal 17/18/19/20 cm (für die Ärmel)

Tipp: Wer gern appliziert, hat auf diesem Kleidchen die ideale Fläche, um sich auszutoben. Wie wäre es mit extra großen Blumen oder dem Lieblingstier der Trägerin?

Nähen

Hinweis: Alle Nähte müssen mit einem elastischen Stich genäht werden (z. B. mit einem schmalen Zickzackstich: Stichlänge 3, Stichbreite 1). Verwenden Sie eine Jerseynadel.

1 Legen Sie nacheinander die Ärmelzuschnitte rechts auf rechts so auf das Rückenteil, dass die Kanten der Raglannähte bündig liegen. Die Nähte heften oder stecken, dann nähen 1.

2 Nun nacheinander die vorderen Kanten der Ärmel rechts auf rechts bündig an die Raglanschrägung des Vorderteils heften oder stecken, dann die Raglannaht nähen 2.

3 Markieren Sie am Halsausschnitt und am Gummiband für den Halsausschnitt die Hälfte bzw. Viertel (siehe Grundtechniken, Seite 92).

4 Nähen Sie das Gummiband ringsum auf die linke Seite des Halsausschnitts. Bei schmalem Gummiband ist es leichter, dieses nicht mit Stecknadeln zu fixieren, sondern beim Nähen mit der Hand zu führen. Dehnen Sie das Gummiband während des Nähens, sodass die Markierungen aufeinandertreffen. Verwenden Sie einen breiteren Zickzackstich (Stichlänge 3, Stichbreite 3) 4.

5 Markieren Sie jeweils an den Ärmeln und an den Gummibändern für die Ärmel die Viertel und nähen Sie sie, wie für den Halsausschnitt beschrieben, fest.

6 Falten Sie den Halsausschnitt zur linken Seite um und nähen Sie die Nahtzugabe mit einem breiten Zickzackstich (Stichlänge 3, Stichbreite 3) fest. Dehnen Sie beim Nähen das dazwischenliegende Gummiband, sodass der Stoff glatt unter der Maschine liegt 6a. Arbeiten Sie die Ärmelsäume genauso 6b.

7 Falten Sie das Kleid so, dass Vorder- und Rückenteil rechts auf rechts aufeinanderliegen. Richten Sie die Seitenkanten aufeinander aus, die Unterarmnähte sollen bündig aufeinandertreffen. Die Ärmel- und Seitennähte heften oder mit Stoffklammern oder Stecknadeln fixieren, dann fortlaufend nähen 7 (siehe auch Seite 94, Grundtechniken).

8 Nähen Sie den Saum, wie auf Seite 94 in den Grundtechniken beschrieben.

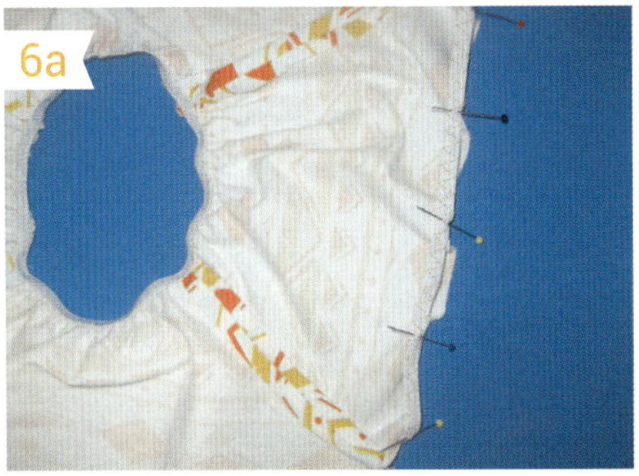

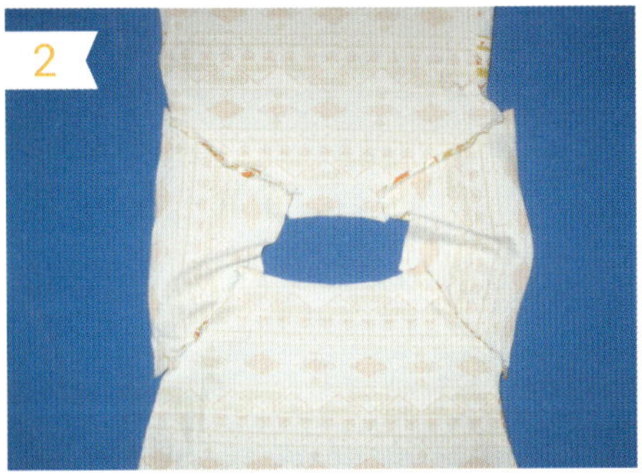

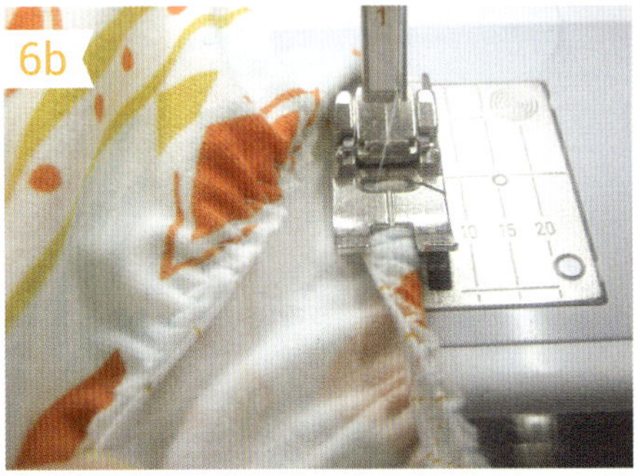

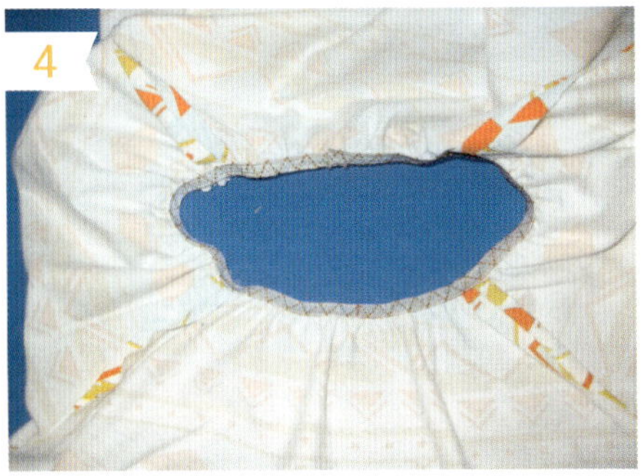

Wetterfeste Softshelljacke

Größen: 74/80, 86/92 • Schwierigkeit: ✪✪✪✪ • Schnittteil 5d auf Bogen A und Schnittteile 19a–e auf Bogen B

Eine richtige Outdoorjacke! Egal, ob frischer Wind, Regen oder Nebel – auf zum Spielplatz! Durch die aufgenähten Reflektorbänder kann der kleine Abenteurer zwischen Wippe und Schaukel garantiert nicht übersehen werden.

Material

- 60/70/80/90 cm Softshell, türkis, 140 cm breit
- 24/28/32/36 cm Reißverschluss, teilbar
- 150 cm Reflektorband (evtl. selbstklebend), 2 cm breit
- beidseitig klebendes Textilklebeband

Zuschneiden

Nahtzugaben Schnittteile: Geben Sie an den Unterkanten der Jacke und der Ärmel sowie der Vorderkante der Kapuze 3 cm hinzu. An den Kanten der Taschen **keine** Nahtzugabe hinzugeben! An allen anderen Kanten geben Sie 1,5 cm Nahtzugabe hinzu.

Softshell:

- 2-mal Schnittteil 19a, davon 1-mal gegengleich (Vorderteil)
- 1-mal Schnittteil 19b im Stoffbruch (Rückenteil)
- 2-mal Schnittteil 19c (Ärmel)
- 2-mal Schnittteil 19d (Taschen)
- 1-mal Schnittteil 19e (Kinnschutz)
- 2-mal Schnittteil 5d, davon 1-mal gegengleich (Kapuze)

Nähen

Hinweis: Verwenden Sie eine Microtexnadel.

1 Schneiden Sie je ein Stück Reflektorband in der Länge der Oberkante der Taschen zu. Fixieren Sie den Streifen mit der linken Seite nach unten jeweils auf der Oberkante der Tasche (sollten Sie kein selbstklebendes Reflektorband verwenden, geht dies am besten mit beidseitig klebendem Textilklebeband). Nähen Sie das Band entlang beider Kanten knappkantig fest 1.

2 Fixieren Sie die Taschen mit beidseitig klebendem Textilklebeband gemäß den Markierungen auf den Vorderteilen der Jacke 2a und nähen Sie sie dann entlang der Seiten und der Unterkante knappkantig auf 2b.

3 Falten Sie das Band des Reißverschlusses an der linken Seite leicht schräg nach hinten, fixieren Sie es evtl. mit einigen Stichen. Falten Sie den Kinnschutz und legen Sie ihn um die Oberkante des Reißverschlusses herum 3, fixieren Sie ihn mit einigen Stichen an der Kante des Kinnschutzes. Überstehendes Reißverschlussband abschneiden.

4 Fixieren Sie eine Seite des Reißverschlusses auf der rechten Seite des entsprechenden Vorderteils, dabei beginnen die Zähnchen gut 1,5 cm unterhalb der Halsausschnittkante. Nähen Sie den Reißverschluss mit dem Reißverschlussfüßchen auf 4a + 4b. Gehen Sie auf der anderen Seite ebenso vor.

5 Schneiden Sie vom Reflektorband zwei Stücke in Länge der Vorderteilkanten ab und fixieren Sie diese mit Textilklebeband über dem Band des Reißverschlusses auf den Vorderteilen. Nähen Sie es an beiden Seiten knappkantig an.

6 Legen Sie die Vorderteile rechts auf rechts bündig auf das Rückenteil und nähen Sie die Schulternähte zusammen 6.

7 Stecken Sie die Ärmel jeweils rechts auf rechts an die Armlöcher – die Ärmelmarkierungen liegen aufeinander – und nähen Sie die Ärmel ein 7 (siehe auch Seite 94, Grundtechniken).

8 Die Vorderkanten der Kapuzenteile 3 cm zur linken Seite umbügeln und knappkantig festnähen. Legen Sie nun die Zuschnitte für die Kapuze rechts auf rechts aufeinander und nähen Sie sie entlang der gerundeten Kante zusammen 8.

9 Fixieren Sie die Kapuze rechts auf rechts am Halsausschnitt – die Naht ist bündig mit der hinteren Mitte – und nähen Sie sie fest 9.

10 Falten Sie die Jacke so, dass Vorder- und Rückenteil rechts auf rechts bündig aufeinanderliegen, und nähen Sie fortlaufend die Ärmel- und Seitennähte (siehe Seite 94, Grundtechniken).

11 Nähen Sie die Säume an Unterkante und Ärmeln, wie auf Seite 94 in den Grundtechniken beschrieben. Versehen Sie den Saum auf der Rückseite der Jacke mit einem entsprechend langen Stück Reflektorband. Fixieren Sie das Band dafür erst mit doppelseitig klebendem Textilklebeband und nähen Sie es danach an beiden Kanten knappkantig auf.

1

2a

2b

3

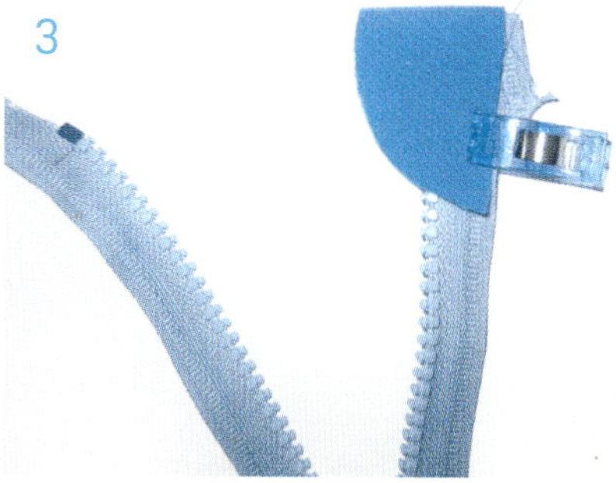

4a

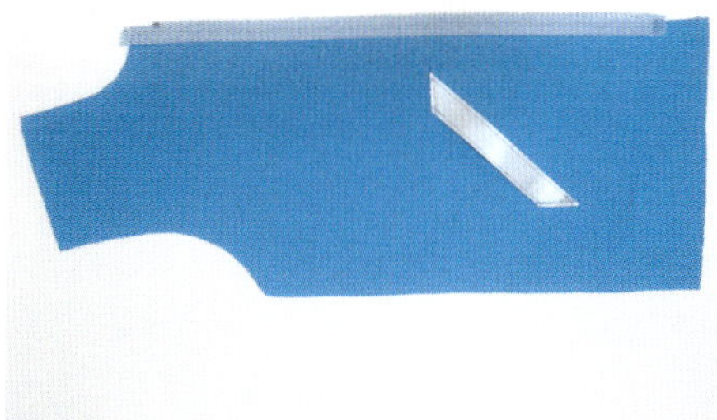

4b

6

7

8

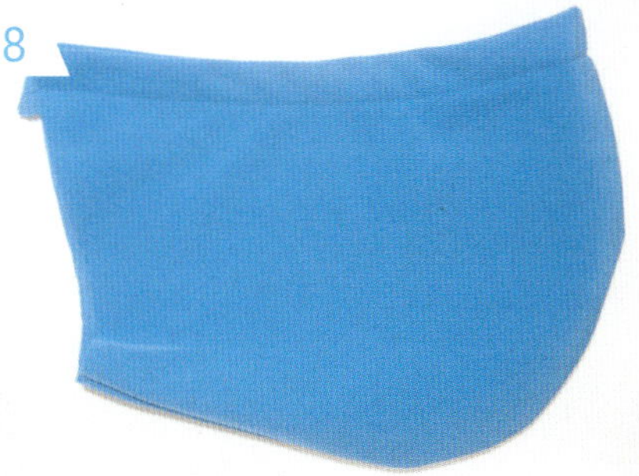

9

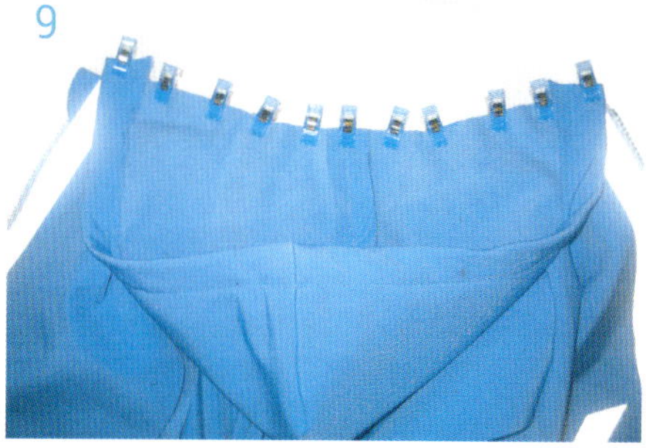

Warmer Wagenanzug

Größen: 50/56, 62/68, 74/80, 86/92 • Schwierigkeit: ✪✪✪✪ • Schnittteile 5a–d auf Bogen A

Auf Außenexpeditionen sind kleine Forscher mit diesem Overall für den Kinderwagen von Kopf bis Fuß kuschelig eingepackt.

Material

- 70/85/90/95 cm Wollfleece, rot, 140 cm breit
- 10 cm Baumwolljersey, hellgrün, 140 cm breit
- 10 cm leichte Bügeleinlage, 90 cm breit
- 6/6/7/7 Knöpfe, ca. 1,5 cm Durchmesser

Zuschneiden

Nahtzugaben Schnittteile: Keine Nahtzugaben an der vorderen Kante der Kapuze, den Unterkanten der Beine und den Unterkanten der Ärmel zugeben! Geben Sie an allen anderen Kanten 1,5 cm Nahtzugabe hinzu.

Wollfleece:

- 2-mal Schnittteil 5a, davon 1-mal gegengleich (Vorderteil)
- 1-mal Schnittteil 5b im Stoffbruch (Rückenteil)
- 4-mal Schnittteil 5c, davon 2-mal gegengleich (vorderes und hinteres Ärmelteil)
- 2-mal Schnittteil 5d, davon 1-mal gegengleich (Kapuze)
- 1-mal 3,5 x 170/180/200/220 cm (Einfassstreifen Kapuze, Bein- und Ärmelsäume)

Bügeleinlage:

- 2-mal 4 x 33/36/39/43 cm (Belege Vorderteilkanten)

Nähen

Hinweis: Alle Nähte müssen mit einem elastischen Stich genäht werden (z. B. mit einem schmalen Zickzackstich: Stichlänge 3, Stichbreite 1). Verwenden Sie eine Jerseynadel.

1 Bügeln Sie die beiden Zuschnitte aus Bügeleinlage jeweils im Abstand von 0,5 cm zur Mittelkante auf die linke Seite der Vorderteile 1.

2 Falten Sie die Mittelkanten der Vorderteile entlang der Umbruchlinie parallel 4,5 cm zur linken Seite (dies sind die Belege) und bügeln Sie sie gut um 2.

3 Legen Sie die Zuschnitte für die Kapuze rechts auf rechts aufeinander und nähen Sie die gerundete Kante zusammen 3.

4 Legen Sie die Vorderteile rechts auf rechts auf das Rückenteil, die Schulterkanten liegen bündig. Nähen Sie die Schulternähte 4.

5 Nähen Sie den Einfassstreifen, wie auf Seite 92 in den Grundtechniken beschrieben, an folgende Kanten: die vordere Kante der Kapuze, die Unterkanten der Beine und die Unterkanten der Ärmel 5. Achten Sie darauf, dass Sie jeweils zwei Ärmelteile (ein vorderes und ein hinteres) pro Ärmel haben!

6 Stecken Sie die Kapuze rechts auf rechts an den Halsausschnitt, die Kapuzennaht ist bündig mit der hinteren Mitte. Falten Sie die Belege jeweils auf, falten Sie sie jeweils zur rechten Seite um, sodass die Kapuze dazwischenliegt 6. Nähen Sie die Kapuze fest. Drehen Sie die Belege zur linken Seite um.

7 Heften Sie die Belege auf der linken Seite leicht fest, damit sie nicht verrutschen 7a. Arbeiten Sie gemäß den Markierungen Knopflöcher in das linke Vorderteil 7b. Passen Sie dabei die Knopflochgröße an die Knöpfe an, Knopflöcher sollten stets ca. 2–3 mm länger sein als der Durchmesser der Knöpfe.

Tipp: Wenn Sie keine Knöpflöcher nähen möchten, können Sie auch Druckknöpfe verwenden!

8 Falten Sie bei den hinteren Ärmelteilen den Umschlag zur rechten Seite um und fixieren Sie ihn mit Stecknadeln. Legen Sie jeweils ein vorderes und hinteres Ärmelteil aufeinander und nähen Sie es in der Mitte zusammen, dabei wird der Umschlag mitgefasst 8.

9 Stecken Sie die Ärmel jeweils rechts auf rechts an die Armlöcher – die Ärmelmarkierungen liegen aufeinander – und nähen Sie die Ärmel ein 9 (siehe Seite 94, Grundtechniken).

10 Falten Sie nur beim Rückenteil des Overalls die Umschläge der Beine zur rechten Seite um und fixieren Sie sie mit Stecknadeln 10a. Falten Sie dann den Overall so, dass Vorder- und Rückenteil rechts auf rechts aufeinanderliegen, die Seitenkanten liegen bündig. Achten Sie darauf, dass beim Vorderteil die Seite mit den Knopflöchern später über der Seite ohne Knopflöcher liegt. Fixieren und dann fortlaufend die Ärmel- und Seitennähte steppen. Nähen Sie ebenfalls die bündig liegende Schrittnaht 10b.

11 Die Heftfäden entfernen. Nähen Sie die Knöpfe passend zu den Knopflöchern an. Achten Sie darauf, dass sie fest genug angenäht sind und nicht abgerissen werden können!

1

2

3

4

5

6

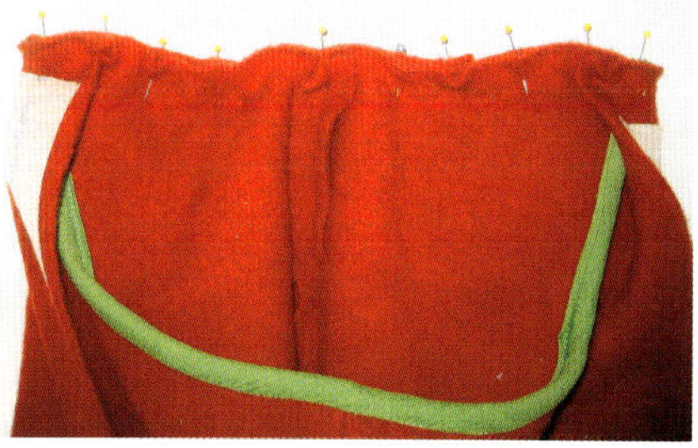

7a

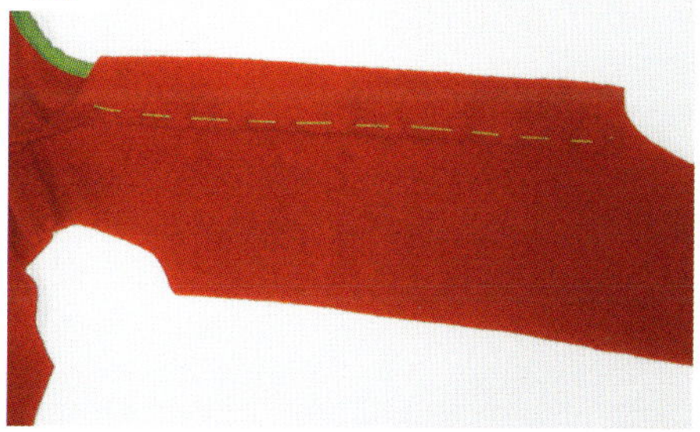

7b

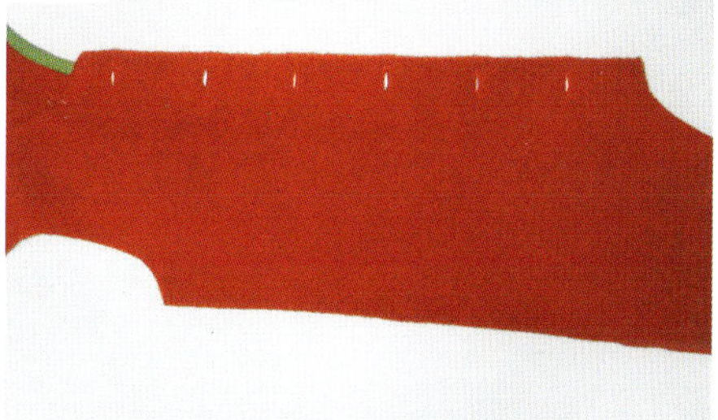

8

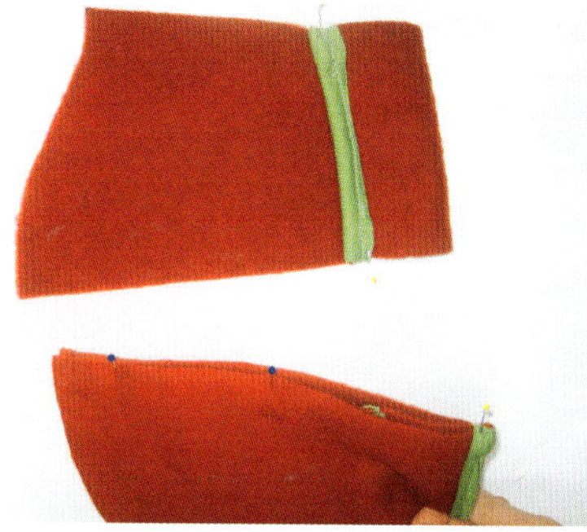

9

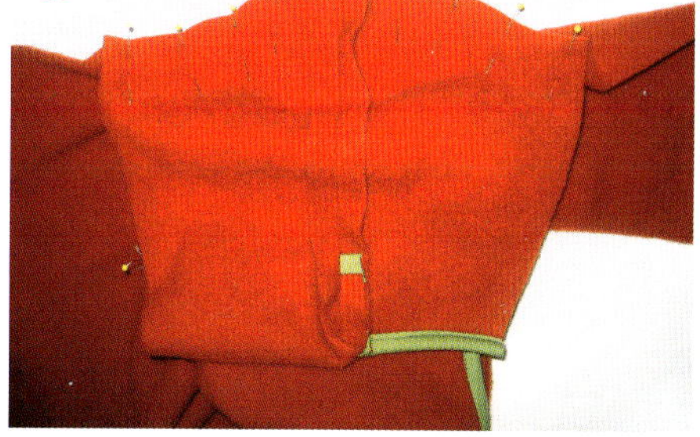

10a

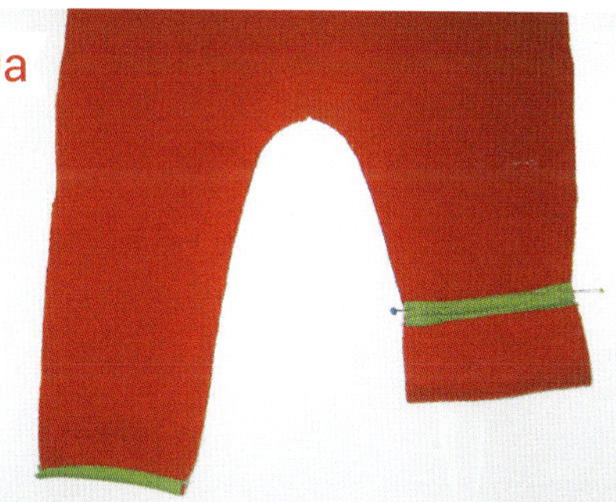

10b

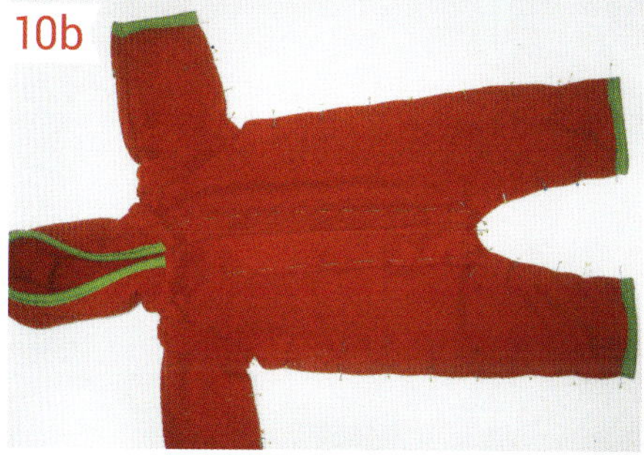

Cooles Polohemd

Größen: 74/80, 86/92 • Schwierigkeit: ✪✪✪✪ • Schnittteile 7a–c und Schnittteile 16a und b auf Bogen A

Lässig wie die Großen! Der kontrastfarbene Kragen mit Knopfleiste wirkt sportlich und leger. Die Druckknöpfe erleichtern das An- und Ausziehen.

Material

- 40/50 cm Baumwolljersey, blau grün geringelt, 140 cm breit
- 20 cm Baumwolljersey, blau, 140 cm breit
- 10 cm dünne Bügeleinlage, 90 cm breit
- 3 nähfreie Jersey-Druckknöpfe

Zuschneiden

Nahtzugaben Schnittteile: Geben Sie an der Saumkante 2 cm Nahtzugabe, an allen anderen Kanten 0,75 cm Nahtzugabe hinzu. Am Schlitzbeleg sind die Nahtzugaben bereits inbegriffen.

Baumwolljersey, blau-grün geringelt:

- 1-mal Schnittteil 7a im Stoffbruch (Vorderteil)
- 1-mal Schnittteil 7b im Stoffbruch (Rückenteil)
- 2-mal Schnittteil 7c, davon 1-mal gegengleich (kurze Ärmel)

Baumwolljersey, blau:

- 2-mal Schnittteil 16a im Stoffbruch (Kragen)
- 1-mal Schnittteil 16b (Schlitzbeleg)

Bügeleinlage:

- 1-mal Schnittteil 16a im Stoffbruch (Kragen)
- 1-mal Schnittteil 16b (Schlitzbeleg)

Nähen

Hinweis: Alle Nähte müssen mit einem elastischen Stich genäht werden (z. B. mit einem schmalen Zickzackstich: Stichlänge 3, Stichbreite 1). Verwenden Sie eine Jerseynadel.

1 Verstärken Sie die linke Seite des Schlitzbelegs und eines Kragenzuschnitts mit Bügeleinlage **1**.

2 Versäubern Sie die Außenkanten des Schlitzbelegs. Platzieren Sie den Schlitzbeleg rechts auf rechts auf dem Vorderteil, die Mitten liegen bündig aufeinander und an der Oberkante liegen die Teile ebenfalls bündig. Fixieren Sie den Beleg mit Stecknadeln oder Heftstichen **2**.

1

2

3 Steppen Sie links und rechts der Mitte gemäß den Markierungen, achten Sie darauf, dass die Nähte nicht länger als die Markierung sind. Schneiden Sie die Mitte und die Ecken ein, seien Sie dabei sehr vorsichtig, damit Sie die Nähte nicht verletzen. Stoppen Sie mit dem Schnitt kurz vor der Naht **3**.

4 Die Seiten des Belegs entsprechend der Markierung zur Mitte hin falten und bügeln **4**.

5 Den Beleg nach links umschlagen und bügeln **5**.

6 Falten Sie die eben gebügelte Kante wieder auf und schlagen Sie sie entgegengesetzt um, sodass die Belege jeweils rechts auf rechts liegen **6a** + **6b**. Nähen Sie entlang der Oberkante, aber nur in dem Bereich, der später sichtbar sein wird (2,5 cm breit) **6c**.

7 Die Belege auf rechts drehen und die Ecken schön herausarbeiten **7**.

8 Stecken Sie die Belege in der Naht von rechts aus fest **8** und nähen Sie direkt in der Naht durch alle Lagen. Stoppen Sie an den unteren Ecken des Belegs.

9 Falten Sie den Beleg und das Vorderteil so, dass das untere Ende des Belegs und die Nahtzugaben auf der linken Seite liegen. Fixieren **9a**, dann quer über das Ende nähen. Achten Sie darauf, dass die Enden der Naht genau auf die Ecken treffen **9b**.

10 Legen Sie die beiden Kragenzuschnitte rechts auf rechts bündig aufeinander und nähen Sie sie entlang der kurzen und der längsten Seite zusammen.

11 Schneiden Sie die Nahtzugaben zurück und wenden Sie den Kragen auf rechts.

12 Legen Sie Vorder- und Rückenteil rechts auf rechts bündig aufeinander und nähen Sie die Schulternähte zusammen.

13 Stecken Sie den Teil des Kragens, der später oben liegen soll, rechts auf links an den Halsausschnitt **13a** + **13b**.

14 Bügeln Sie die Nahtzugaben in Richtung des Kragens und schlagen Sie die Nahtzugabe des anderen Kragenteils nach links unter, schlagen Sie es jedoch nicht zu breit um.

15 Nähen Sie durch die Naht (innerer Halsausschnitt) den unteren Kragen fest. Wenn Sie sich dabei unsicher fühlen, können Sie den Unterkragen auch von Hand mit überwendlichen Stichen annähen.

16 Bringen Sie entsprechend den Markierungen am Beleg die Druckknöpfe laut Herstellerangabe an.

17 Stecken Sie die Ärmel jeweils rechts auf rechts an die Armlöcher – die Ärmelmarkierungen liegen aufeinander – und nähen Sie die Ärmel ein (siehe Seite 94, Grundtechniken).

18 Falten Sie das Shirt so, dass Vorder- und Rückenteil rechts auf rechts bündig aufeinanderliegen, und nähen Sie fortlaufend die Ärmel- und Seitennähte (siehe Seite 94, Grundtechniken).

19 Nähen Sie zuletzt die Ärmelsäume und die untere Saumkante, wie auf Seite 94 in den Grundtechniken beschrieben.

3

6b

9a

4

6c

9b

5

7

13a

6a

8

13b

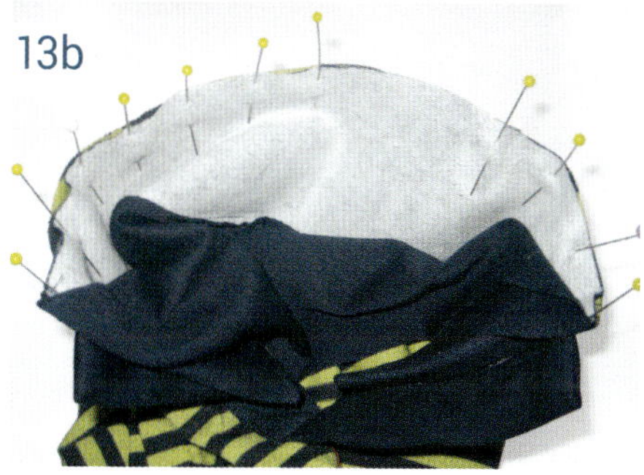

Lässige Jeans

Größen: 74/80, 86/92 • Schwierigkeit: ★★★☆ • Schnittteile 18a–e auf Bogen C

Eine richtige Jeans mit den obligatorischen kontrastfarbenen Steppnähten! Und weil sie ohne Reißverschluss auskommt, ist sie nicht so kompliziert zu nähen, wie sie aussieht. Einfach cool!

Material

- 55/60 cm Denim mit Elasthan, 140 cm breit
- 15 cm Baumwolljersey, 140 cm breit
- 50 cm Gummiband, 3 cm breit

Zuschneiden

Nahtzugaben Schnittteile: Geben Sie an der Unterkante 2 cm, an allen anderen Kanten 0,75 cm Nahtzugabe hinzu.

Denim:

- 2-mal Schnittteil 18a, davon 1-mal gegengleich (vorderes Hosenteil)
- 2-mal Schnittteil 18b, davon 1-mal gegengleich (rückwärtiges Hosenteil)
- 2-mal Schnittteil 18c, davon 1-mal gegengleich (vordere „Tasche")
- 2-mal Schnittteil 18d (Gesäßtaschen)
- 2-mal Schnittteil 18e, davon 1-mal gegengleich (Sattel)

Baumwolljersey:

- 1-mal 9 x 58/60 cm (Bund)

Gummiband:

- 1-mal 41/43/45/47 cm (am besten am Kind ausmessen, dabei gilt: ermitteltes Maß minus 4 cm)

Nähen

1 Versäubern Sie die vorderen „Taschen" entlang der Rundung. Heften oder stecken Sie sie rechts auf rechts an die vorderen Teile und steppen Sie sie fest **1**.

2 Bügeln Sie die Nahtzugaben zur Mitte hin und nähen Sie sie zweimal parallel mit kontrastfarbenem Garn ab.

3 Legen Sie jeweils einen Sattel auf ein rückwärtiges Hosenteil. Fixieren und festnähen. Dann die Naht versäubern. Bügeln Sie die Nahtzugaben nach oben und nähen Sie sie zweimal parallel ab **3**.

4 Falten und bügeln Sie die Zugaben an den Gesäßtaschen zur linken Seite um. Nähen Sie die Oberkante im Abstand von 1,5 cm fest.

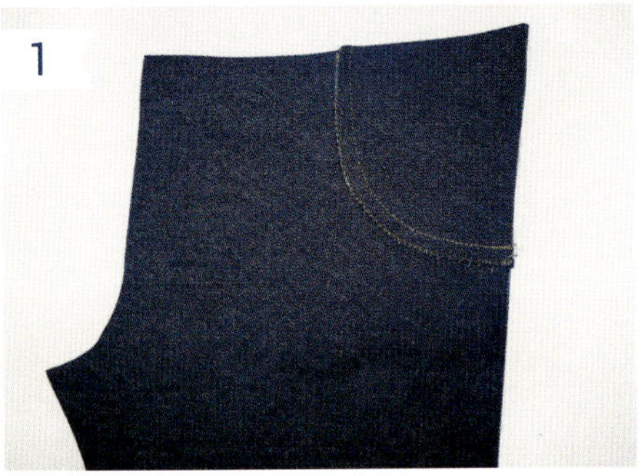
1

6

3

7

5

8

5 Platzieren Sie die Taschen gemäß den Markierungen auf den rückwärtigen Teilen und steppen Sie die Seiten und Unterkanten zweimal parallel fest **5**.

6 Legen Sie jeweils die vorderen und rückwärtigen Teile rechts auf rechts aufeinander und nähen Sie die Schrittnaht. Versäubern Sie die Naht. Bügeln Sie die Nahtzugaben in das linke Teil und steppen Sie sie zweimal parallel ab. Steppen Sie die eingezeichnete „Reißverschlussnaht" ebenfalls zweimal ab **6**. Wenn sich der Stoff leicht verzieht, legen Sie zur Sicherheit ein Stück Stickvlies oder Seidenpapier unter und zupfen Sie es nach dem Nähen weg.

7 Jeweils ein vorderes und ein rückwärtiges Hosenteil rechts auf rechts aufeinanderlegen, dann heften oder stecken und die Innenbeinnähte fortlaufend nähen **7**. Versäubern Sie die Nahtzugaben, bügeln Sie sie dann in Richtung des Vorderteils und nähen Sie sie knappkantig ab.

8 Legen Sie wieder die Hosenbeine rechts auf rechts und nähen Sie dann die äußeren Beinnähte. Anschließend die Nähte versäubern **8**. Bügeln Sie die Nahtzugaben in Richtung des rückwärtigen Teils und nähen Sie sie im oberen Bereich knappkantig ab.

9 Falten Sie den Bund der Länge nach links auf links und bügeln Sie einen mittigen Bruch hinein. Falten Sie ihn nun der Breite nach rechts auf rechts und nähen Sie ihn zum Ring zusammen. Nähen Sie das Gummiband zum Ring zusammen. Nähen Sie den Bund mit innen liegendem Gummiband an die Oberkante der Hose, wie auf Seite 94 in den Grundtechniken beschrieben.

THE WILDERNESS

Grundbegriffe des Nähens

Bügeleinlage
Solche Vlieseinlagen zum Aufbügeln geben dem Stoff die gewünschte Stabilität. Sie werden jeweils mit der beschichteten (rauen) Klebeseite nach unten auf die linke Stoffseite gelegt. Legen Sie zur Sicherheit ein Bügeltuch oder Backpapier darüber. Wischen Sie beim Bügeln nicht hin und her, sondern bügeln Sie mit leichtem Druck punktuell, bis die Einlage überall gut klebt. Achten Sie darauf, dass die Temperatur des Bügeleisens für den Stoff geeignet ist. Lassen Sie die Stücke anschließend gut auskühlen.

Bügeln
Vor Beginn der Näharbeiten und zwischen den einzelnen Arbeitsschritten die Stoffe stets bügeln. Vorsicht bei synthetischen oder empfindlichen Qualitäten, diese sicherheitshalber mit einem sauberen Baumwolltuch abdecken. Um Wiederholungen zu vermeiden, wird in den Anleitungen auf das Bügeln nicht immer hingewiesen.

Elastischer Geradstich
Bei den meisten Nähmaschinen gibt es einen elastischen Geradstich, dieser ist ein dreifacher Geradstich. Er eignet sich besonders gut für Säume und das Umnähen von Einfassstreifen.
Eine andere Möglichkeit eines elastischen Geradstichs ist der Einsatz einer Zwillingsnadel. Hierfür werden zwei Garnrollen für den Oberfaden benötigt. Diese werden parallel eingefädelt, bitte lesen Sie in der Gebrauchsanweisung Ihrer Nähmaschine nach.
Die Zwillingsnadel ist ebenfalls sehr gut geeignet für Säume und das Umnähen von Einfassstreifen, sie eignet sich jedoch nicht für gewöhnliche Nähte.

Fadenlauf
Bei allen Stoffen verläuft der Fadenlauf parallel zur Stoffballenkante, bei Strickware müsste man diese Laufrichtung korrekterweise Maschenlauf nennen. Beim Zuschnitt legen Sie den im Schnittmuster eingezeichneten Fadenlauf parallel zur Stoffkante.

Fadenspannung
Die Fadenspannung der Nähmaschine muss je nach Stoffart reguliert werden. Andernfalls können Schlaufen in Unter- und Oberfaden entstehen. Am besten immer erst eine Probenaht nähen.

Geradstich
Der Geradstich ist der grundlegende Nutzstich beim Nähmaschinennähen. Das Nähen mit dem Geradstich heißt auch „Steppen“. Die Stichlänge ist variabel einstellbar. Je länger der Stich, desto lockerer fällt die Naht aus.

Heften und Stecken
Fixieren Sie Stoffteile vor dem Nähen stets mit Nadeln oder Stoffklammern bzw. heften Sie von Hand. Auf diese Weise wird verhindert, dass die Stoffteile beim Nähen verrutschen oder ungewollte Falten werfen. In den Anleitungen wird nicht jedes Mal auf das Heften oder Stecken hingewiesen.

Jerseynadel
Verwenden Sie beim Verarbeiten von Jersey oder Sweatstoffen immer eine Jerseynadel. Diese hat eine abgerundete Spitze, die verhindert, dass beim Einstechen die Fasern verletzt werden und Laufmaschen entstehen.

Nahtzugabe
Wird ein Stoff zu nah an der Kante genäht, reißen Stoff und Naht leicht ein. Deshalb wird beim Zuschnitt meist eine Nahtzugabe hinzugerechnet; bei den hier gezeigten Modellen beträgt diese, wenn nicht anders angegeben, 0,75 cm (Nähfußbreite).

Wichtig: Für die Schnittteile sind die zuzugebenden Nahtzugaben unter „Zuschneiden“ angeführt. Bei allen bemaßten Teilen ist die Nahtzugabe bereits enthalten.

Rechte und linke Stoffseite
Jeder Stoff hat eine rechte und eine linke Stoffseite. Die rechte Seite entspricht der Schauseite, also der Außenseite des Stoffes. Bei Druckstoffen ist diese recht einfach zu erkennen, da hier das Muster deutlicher ist. Wenn es also heißt, „die Stoffteile rechts auf rechts legen“, zeigen die rechten Schauseiten nach innen und die linken Seiten nach außen. Heißt es hingegen „links auf links“, zeigen die rechten Seiten nach außen und die linken Seiten nach innen.

Schnittmuster, Vorlagen

Die originalgroßen Vorlagen finden Sie auf dem Arbeitsbogen. Am besten pausen Sie diese immer auf Seidenpapier, Transparentpapier oder Schnittmusterfolie ab. Dabei ggf. die Markierungen mit übertragen. Möchten Sie halb gezeichnete Schnittmuster komplett abpausen, falten Sie ein entsprechend großes Papier zur Hälfte. Legen Sie den Falz an den eingezeichneten Stoffbruch, zeichnen Sie die Vorlage ab und schneiden Sie sie aus dem noch gefalteten Papier aus. Für Bündchen, Bindebänder usw. werden Streifen benötigt, deren Maße bei den einzelnen Anleitungen unter „Zuschneiden" aufgeführt sind.

Grundmaterial

- Nähmaschine
- passendes Nähgarn
- Nähnadeln
- Stecknadeln
- evtl. Stoffklammern
- kleine Stickschere
- Schnittmusterpapier
- Bleistift
- Schneiderkreide
- Stoffschere
- Nahttrenner
- Maßband
- Bügeleisen

Hinweis: Diese Grundmaterialien werden vorausgesetzt und sind in den Anleitungen nicht gesondert aufgeführt.

Stoffbruch

Bei einer gefalteten Stofflage entsteht eine Faltkante, die als Stoffbruch oder Bruchkante bezeichnet wird. An einem Schnittteil bezeichnet der Stoffbruch in der Regel die Mitte des Teils. Der Stoffbruch ist bei den Vorlagen dieses Buches entsprechend beschriftet. Diese Kante des Schnittteils wird dann beim Zuschneiden ohne Nahtzugabe genau auf die gefaltete Stoffkante gelegt.

Zickzackstich

Ein wichtiger Nutzstich beim Nähmaschinennähen ist der Zickzackstich. Er wird u. a. zum Versäubern der Schnittkanten bei ausfransenden Stoffen verwendet. Stichbreite und Stichlänge lassen sich verändern. Zickzackstiche sind auch elastisch und können deshalb zum Nähen von elastischen Stoffen wie Jersey verwendet werden.

Grundtechniken des Nähens

1 Markierungen vom Schnittmuster auf den Stoff übertragen

Die Markierungen auf den Schnittmustern können Sie mit verschiedenen Hilfsmitteln auf den Stoff übertragen. Markierungen, die mitten auf dem Schnittteil liegen, lassen sich am einfachsten mit Kreidepapier (auch als Kopierpapier im Handel) übertragen. Dieses wird mit der Kreideseite nach oben auf eine harte Unterlage gelegt, das zugeschnittene Stück mitsamt dem Schnittmuster darauf platzieren. Nun die gewünschten Linien mit dem Kopierrädchen nachfahren. Probieren Sie dies bei empfindlichen Stoffen immer zuerst an einem Stoffrest aus!

Markierungen an den Rändern können Sie mit Schneiderkreide oder Kreidestift anbringen. Alternativ können Sie auch kleine Knipse mit der Schere in die Nahtzugabe schneiden, aber bitte nur wenige Millimeter tief!

2 Nähte sichern/verriegeln

Eine Nähmaschinennaht muss am Anfang und Ende vernäht, also „verriegelt", werden, sonst löst sie sich auf. Am Nahtbeginn drei bis vier Stiche vorwärts-, rückwärts- und anschließend wieder vorwärtsnähen 2. Am Nahtende gegengleich verfahren.

3 Verstürzte Naht: Rundungen

Bei Rundungen die Nahtzugaben vor dem Wenden in kleinen Abständen bis ca. 1 mm vor die Naht einschneiden 3. Nur so liegt die Kante nach dem Verstürzen schön flach, da sich die Mehrweite der Nahtzugaben etwas übereinanderschieben kann.

4 Überwendlichstich

Dieser Handstich wird beim Schließen einer Wendeöffnung eingesetzt. Die Nadel sticht knapp am Rand senkrecht durch die Kanten 4. Die sehr kleinen Stiche sind durch Schrägfäden miteinander verbunden. Nahtanfang und -ende stets gut sichern.

5 Bänder verstürzen/Streifen wenden

Falten Sie den Zuschnitt für das Band der Länge nach rechts auf rechts und nähen Sie es füßchenbreit zur Bruchkante entfernt zusammen 5a.

Um ein Bändchen einfacher wenden zu können, eine große Sicherheitsnadel an einem Ende einer Stofflage befestigen 5b. Führen Sie die Sicherheitsnadel dann zwischen die beiden Stofflagen und schieben Sie sie Stück für Stück durch den Schlauch 5c + 5d, bis sie am anderen Ende wieder herauskommt und das Bändchen durchgezogen werden kann.

6 Bindebänder anfertigen

Die Zuschnitte für die Bindebänder in Längsrichtung links auf links zur Hälfte falten und den Bruch leicht einbügeln. Wieder aufklappen und die Längsseiten zum mittigen Falz hin falten und bügeln, dabei darauf achten, dass der mittige Falz nicht herausgebügelt wird 6a. Den Streifen zusammenklappen, sodass nun die äußeren Bruchkanten übereinanderliegen, und erneut bügeln. Das Band entlang der offenen Bruchkanten knappkantig zusammensteppen 6b.

7 Schrägstreifen zuschneiden und zusammennähen

Schrägstreifen werden im 45°-Winkel zum Fadenlauf in der gewünschten Breite zugeschnitten. Um einen langen Schrägstreifen zu erhalten, lassen sich mehrere kürzere Zuschnitte zusammennähen, dabei sollten die kurzen Ansatzkanten im 45°-Winkel zum Streifen geschnitten sein 7.

Anschließend wird der Schrägstreifen, wie bei den Bindebändern beschrieben, gebügelt. Hierfür kann auch ein Schrägbandformer verwendet werden.

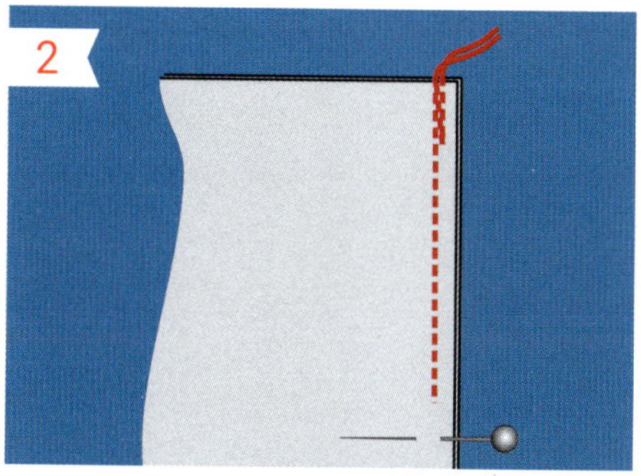
2

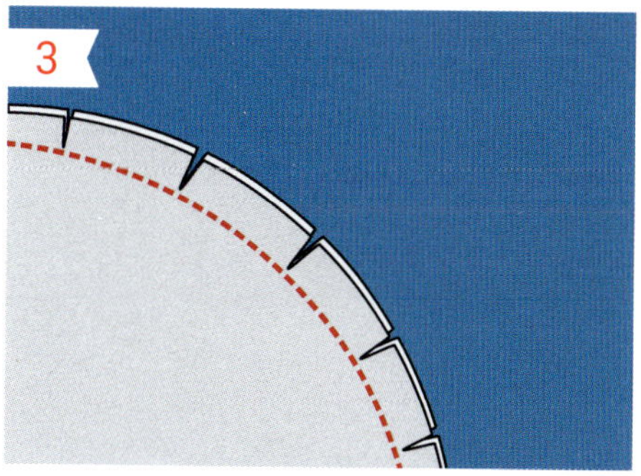
3

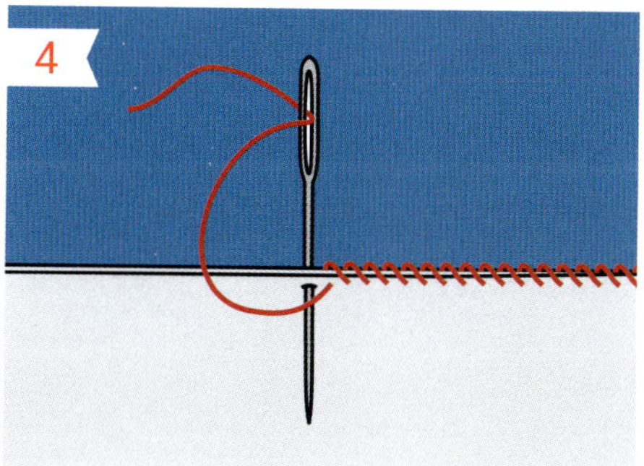
4

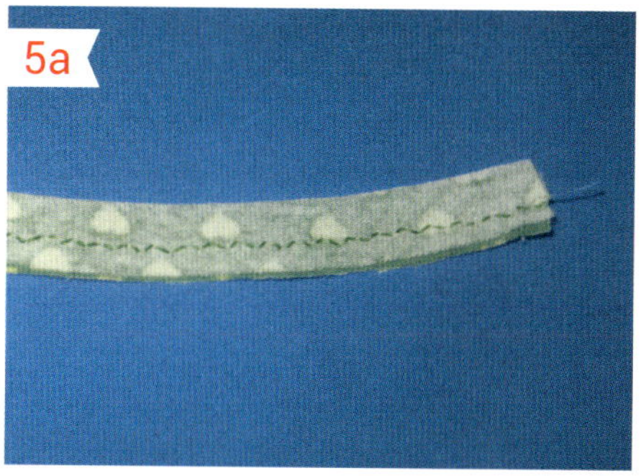
5a

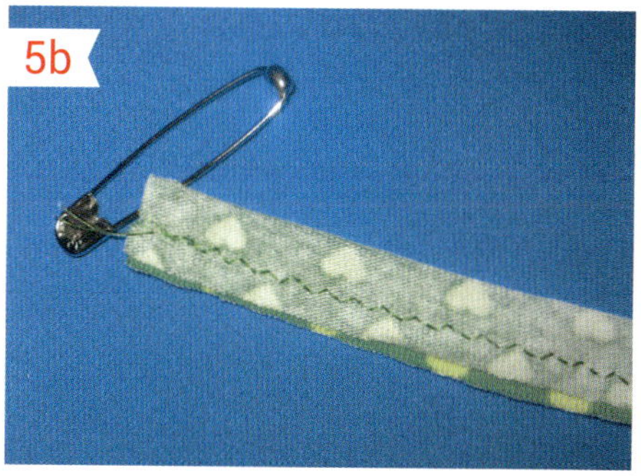
5b

5c

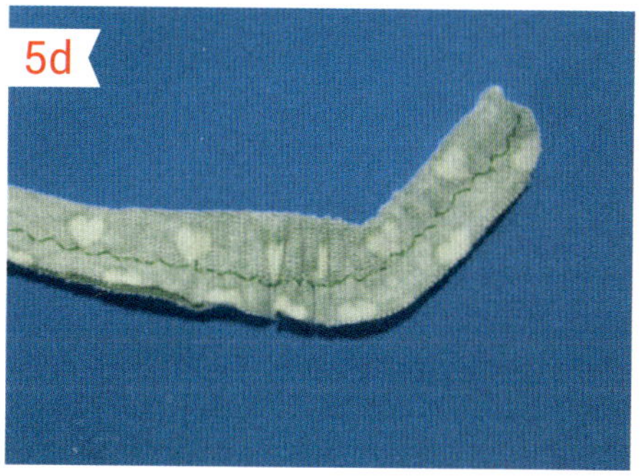
5d

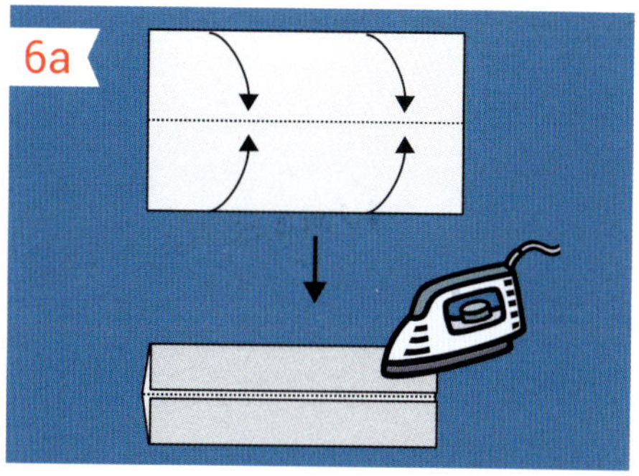
6a

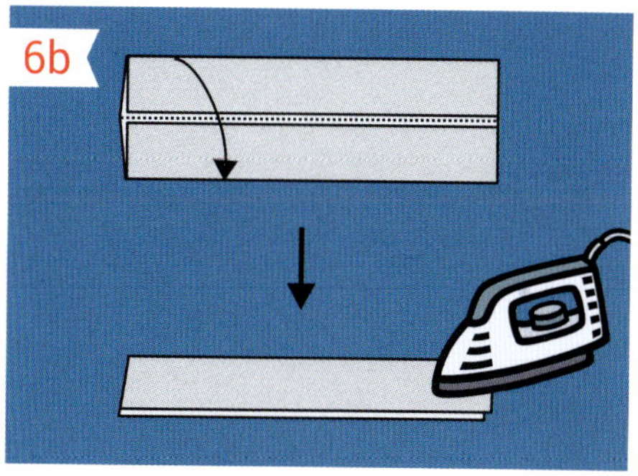
6b

7

8 Einkräuseln

Zum Einkräuseln zweimal parallel zu der einzukräuselnden Kante in der größten Sticheinstellung entlangnähen: einmal mit 0,5 cm, einmal mit 1,5 cm Abstand zur Kante 8a. Die Nahtenden nicht verriegeln und die Garnenden nicht abschneiden!
An den Garnenden ziehen und so den Stoff auf die gewünschte Länge einkräuseln 8b.

8a

8b

9 Einfassstreifen aus Jersey

Platzieren Sie den Einfassstreifen rechts auf rechts kantenbündig auf dem einzufassenden Stück. Fixieren Sie nun den Streifen mit Stecknadeln oder Klammern entlang der Kante, dehnen Sie dabei den Streifen ganz leicht 9a. (Geübte Näherinnen benötigen keine Stecknadeln oder Stoffklammern und können den Streifen direkt beim Nähen leicht gedehnt auf den Stoff legen.)
Nähen Sie nun füßchenbreit parallel zur Kante und dehnen Sie das Nähgut dabei ganz leicht, sodass beide Teile glatt aufeinanderliegen. Hier ist die Naht von der rechten Seite zu sehen 9b. (Ggf. den restlichen Einfassstreifen nun abschneiden und für weitere Einfassungen verwenden.)
Bügeln Sie den Streifen eventuell. Klappen Sie ihn um die Kante herum und fixieren Sie ihn mit Stecknadeln von der rechten Seite aus 9c.
Nähen Sie ihn dann mit der Zwillingsnadel mit elastischem Geradstich (alternativ mit Zickzackstich) fest 9d + 9e.

Hinweis: Bei nach innen gebogenen Rundungen (z. B. an Halsausschnitten) muss der Einfassstreifen leicht gedehnt werden. Bei nach außen gebogenen Rundungen (z. B. an Schultern und Unterkante Body) sollte der Streifen nicht gedehnt werden, sonst zieht er sich nach dem Nähen zusammen.

10 Bündchen

Falten Sie das Bündchen in Längsrichtung links auf links und bügeln Sie einen Bruch ein 10a. Falten Sie das Bündchen wieder auf und dann der Breite nach rechts auf rechts. Nähen Sie die kurzen Kanten aneinander 10b. Falten Sie das Bündchen nun wieder in Längsrichtung entsprechend dem eingebügelten Bruch.
Markieren Sie die Viertel am Bündchen 10c und an dem Teil, an das es angesetzt werden soll, wie folgt: Die Teile jeweils zweimal zur Hälfte falten (vierteln), die Bruchkanten mit Stecknadeln markieren und wieder auffalten 10d.
Stecken Sie beide Teile so aufeinander, dass die Stecknadeln genau aufeinandertreffen 10e. Beim Nähen müssen Sie das Nähgut etwas dehnen, sodass beide Teile glatt aufeinanderliegen 10f. Verwenden Sie einen elastischen Stich.

9a

9e

10d
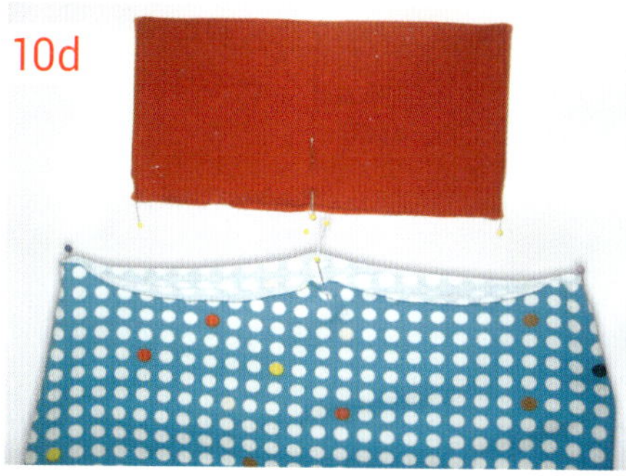

9b

10a

10e

9c

10b

10f

9d

10c

11 Bündchen mit innen liegendem Gummiband

Legen Sie das Gummiband zum Ring, lassen Sie die Enden um 1 cm überlappen und nähen Sie diese mit Zickzackstich zusammen 11a. Gehen Sie nun genauso vor wie beim normalen Bündchen. Bevor Sie das Bündchen an das andere Teil stecken, schieben Sie das Gummiband zwischen das gefaltete Bündchen 11b. Achten Sie darauf, dass Sie das Gummiband beim Annähen des Bündchens nicht mitfassen.

12 Kante mit eingezogenem Gummiband

Jersey, Sweatstoff und Webstoffe:
Falten Sie die Kante in Breite der Zugabe zur linken Seite um und bügeln Sie einen Bruch ein 12a.
Nur Webstoffe: Falten Sie die Kante nochmals auf und falten Sie sie dann um 1 cm um und bügeln Sie einen weiteren Bruch ein. Stecken Sie den Umschlag fest und nähen Sie etwas schmaler als die Breite der Zugabe mit elastischem Geradstich von der rechten Seite her. Lassen Sie einige Zentimeter offen 12b.
Ziehen Sie mithilfe einer Sicherheitsnadel das Gummiband durch den entstandenen Tunnel. Achten Sie darauf, dass sich das Gummiband nicht verdreht und das Ende des Gummibands nicht in den Tunnel rutscht 12c. Lassen Sie die Enden des Gummibands 1 cm überlappen und nähen Sie sie mit Zickzackstich zusammen.

13 Saumkanten: Jersey und Sweatstoff

Falten Sie die Saumkante (hier meist 2 cm) in Breite der Zugabe zur linken Seite um und bügeln Sie einen Bruch ein (siehe Abb. 12a). Stecken Sie den Saum von rechts aus mit Stecknadeln fest. Nähen Sie von rechts aus mit elastischem Geradstich (z. B. mit der Zwillingsnadel) – bei 2 cm Saumzugabe im Abstand von 1,5 cm – ringsum 13.

14 Saumkanten: Webstoffe

Falten Sie die Saumkante in der halben Breite der Zugabe zur linken Seite um und bügeln Sie einen Bruch ein. Falten Sie nochmals in der halben Breite der Nahtzugabe zur linken Seite um und bügeln Sie erneut, die offene Kante liegt nun innen 14a. Nähen Sie den Saum knappkantig mit Geradstich fest 14b.

15 Ärmel einnähen

Breiten Sie das Oberteil mit der zusammengenähten Schulternaht aus, die rechte Seite zeigt nach oben. Platzieren Sie den Ärmel rechts auf rechts mittig darauf, sodass die Mittelmarkierung auf der Armkugel bündig auf der Schulter zu liegen kommt. Mit einer Stecknadel oder Stoffklammer fixieren 15a. Fixieren Sie nun die Außenkanten des Ärmels bündig an den Außenkanten des Armausschnitts 15b. Dann fixieren Sie den Rest der Armkugel gleichmäßig am Armausschnitt 15c. Nähen Sie alles entlang des Armausschnitts zusammen.

16 Seiten- und Ärmelnähte schließen

Falten Sie das Oberteil entlang der Schulternähte rechts auf rechts. Legen Sie die Ärmelnähte an der Kante bündig aufeinander und fixieren Sie sie mit einer Stecknadel oder Stoffklammer. Stecken oder klammern Sie nun die gesamte Seiten- und Ärmelnaht zusammen und nähen Sie sie fortlaufend zusammen 16.

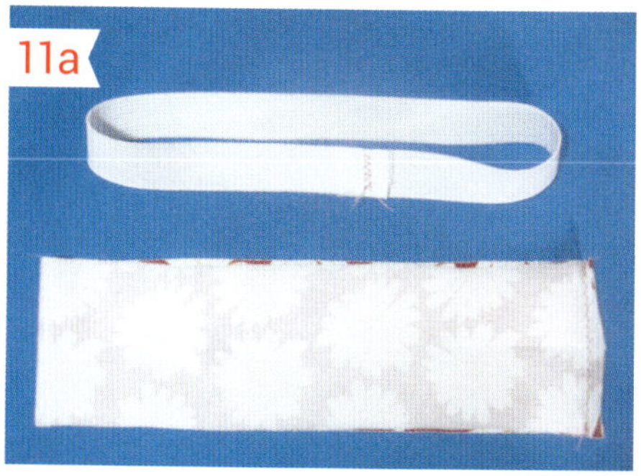
11a

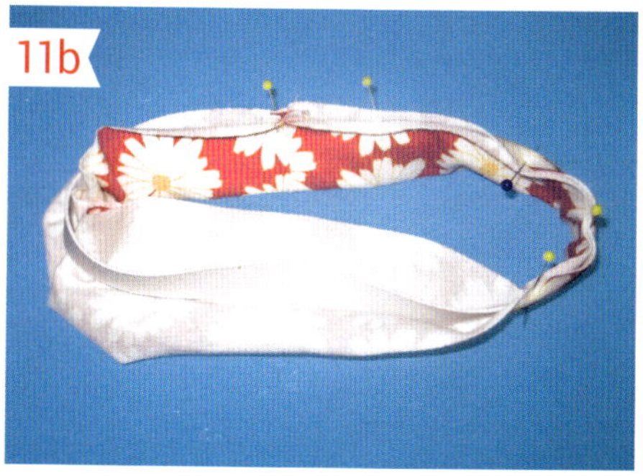
11b

12a

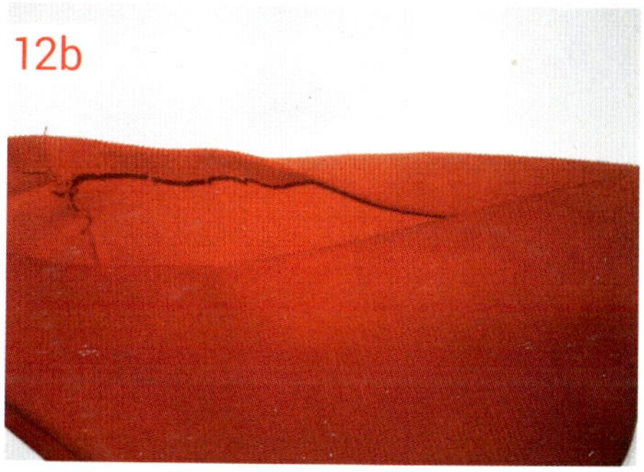
12b

12c

13

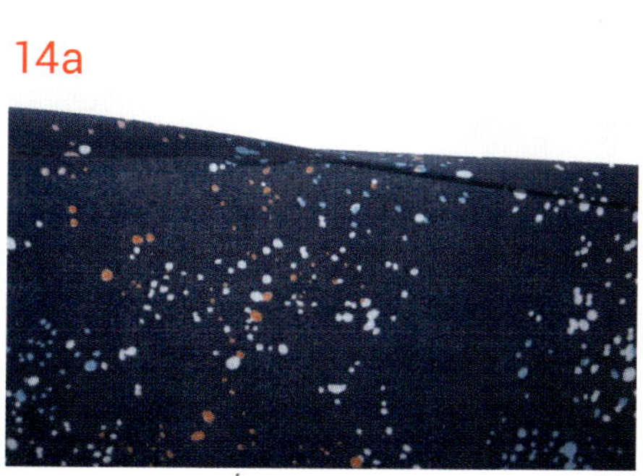
14a

14b

15a

15b

15c

16

Impressum

Konzept und Idee: Cecilia Hanselmann, Anna Fischer
Entwürfe und Realisation: Cecilia Hanselmann
Redaktion: Anna Fischer
Lektorat: Regina Sidabras
Fotos & Styling: Florian Bilger Fotodesign
Arbeitsfotos: Cecilia Hanselmann
Schnittzeichnungen: Beate Schmitz
Gesamtgestaltung und Satz: GrafikwerkFreiburg
Reproduktion: RTK & SRS mediagroup GmbH
Druck und Verarbeitung: Ömür Printing, Istanbul

ISBN 978-3-8410-6425-7
Art.-Nr. 6425

Hersteller

- Adlico Textile ApS
  www.adlico.dk
- Alles für Selbermacher
  www.alles-fuer-selbermacher.de
- Buttinette Textil-Versandhaus GmbH
  www.buttinette.com
- Freudenberg Interlining SE & Co. KG
  www.vlieseline.com
- Gütermann AG
  www.guetermann.com
- lillestoff GmbH
  www.lillestoff.de
- modes4u Group Ltd.
  www.modes4u.com
- Prym Consumer GmbH
  www.prym-consumer.com
- Siebenblau, Maren Bartz
  www.siebenblau.de
- Snaply GmbH
  www.snaply.de
- Stoffe Brünink & Hemmers GmbH
  www.stoffehemmers.de
- Stoff und Stil GmbH
  www.stoffundstil.de
- Westfalenstoffe AG
  www.westfalenstoffe.de

Kreativ-Service

Sie haben Fragen zu den Büchern und Materialien? Frau Erika Noll ist für Sie da und berät Sie rund um alle Kreativthemen. Rufen Sie an! Wir interessieren uns auch für Ihre eigenen Ideen und Anregungen. Sie erreichen Frau Noll per E-Mail: **mail@kreativ-service.info** oder Tel.: **+49 (0) 5052 / 91 18 58**

Besuchen Sie uns im Internet: **www.christophorus-verlag.de**